사회통합프로그램(KIIP)

한국사회 이해

심화

기획 법무부 출입국·외국인정책본부

박영story

발간사

우리나라는 6·25전쟁 이후 한동안 전쟁과 높은 실업률, 지정학적 리스크 등으로 인해 다른 나라로 이주를 가던 나라였으나, 1970년대부터 '한강의 기적'으로 불릴 만큼 단기간에 비약적인 경제성장을 이루게 되면서 어느덧 세계 10대 경제대국의 반열에 이르게 되었고, 이제는 많은 사람들이 이민을 오는 나라가 되어, 현재 국내 체류외국인이 250만 명을 넘어서고 있습니다.

더욱이 저출산·고령사회로 급속하게 진입하면서 지난해 우리나라의 합계출산율은 0.72명에 그쳐 역대 최저치를 기록하는 등 저출산과 고령화로 인한 인구문제, 생산동력 상실, 국가소멸의 위기 상황에 직면하게 되면서 이민정책의 획기적인 전환이 필요한 시점이 되었습니다.

그간 법무부는 이민정책을 총괄하는 부처로서 우리나라에 정착한 외국인이 우리 사회의 구성원으로서 적응·자립할 수 있도록 지원하고, 국민과 서로 상생하며 공존할 수 있도록 하는 것이 무엇보다 중요하다고 생각하여 '체계적인 이민통합 정책'을 추진해 왔습니다.

특히, 2009년부터 시작된 '사회통합프로그램'은 한국어, 한국문화, 한국사회 이해 교육을 통해 이민자가 갖추어야 할 필수적인 기본소양을 체계적으로 함양할 수 있도록 함으로써 사회통합 교육의 가장 핵심적인 역할을 수행해 왔습니다.

시행 첫해인 2009년에 1,331명이 '사회통합프로그램'에 참여하였으며, 코로나로 인해 잠시 주춤했던 시기를 제외하면 매년 증가하다가 엔데믹을 선언한 지난해에는 58,028명이 참여하여 역대 최다 인원을 기록하기도 하였습니다. 이러한 추세에 비추어 볼 때 외국인 근로자, 유학생, 재외동포 등 참여대상이 확대되고 있는 점을 감안한다면 교육 수요는 계속 증가할 것으로 예상됩니다.

이러한 시기에 새롭게 발간되는 사회통합프로그램 교재와 교사용 지도서는 더욱 중요한 의미가 있으며, 이민자들이 이러한 교재들을 널리 활용하여 한국사회에 대한 이해를 높이고, 더욱더 우리나라에 잘 적응할 수 있는 마중물이 되었으면 하는 바람입니다.

끝으로 교재 발간에 도움을 주신 경인교육대학교 설규주 교수님을 비롯한 산학협력단 연구진과 출판에 도움을 주신 피와이메이트 노현 대표님 등 관계자 분들께 감사드리며, 앞으로도 법무부는 이민자의 안정적인 정착 지원과 사회통합을 위해 노력하겠습니다.

법무부 출입국·외국인정책본부장
이 재 유

일러두기

'사회통합프로그램[KIIP]을 위한 한국사회 이해(심화)'는 귀화를 목적으로 사회통합프로그램에 참여하는 학습자가 한국사회 전반에 대한 폭넓고 깊이 있는 이해를 바탕으로, 대한민국의 능동적인 국민으로서 지녀야 할 기본소양과 자질을 기르고 발휘할 수 있도록 지원하기 위한 만들어진 교재이다.

이 교재는 총 5개의 영역인 대한민국의 국민, 역사, 정치, 경제, 법으로 구분되어 있으며, 사회통합프로그램 한국사회 이해(심화) 과정의 이수시간에 맞추어 총 20개의 단원으로 구성되어 있다.

각 단원은 아래와 같이 '생각해 봅시다-학습목표-관련 단원 확인하기-본문-알아두면 좋아요-주요 내용 정리-이야기 나누기'의 순으로 구성되어 있다. 각 영역의 마지막에는 배운 내용을 종합적으로 정리할 수 있도록 '대단원 정리-수행 평가-단원 종합 평가-화보'를 제시하였다. 이를 통해 학습자가 한국사회 전반에 대한 내용을 체계적으로 이해하고 정리할 수 있도록 하였다.

구성과 특징

생각해 봅시다

단원에 대한 학습자의 관심과 흥미를 높이기 위해 구성하였다. 여기서는 단원과 관련된 사진이나 삽화를 제시하고 이를 활용하여 강사와 학습자, 학습자와 학습자 간에 상호작용을 할 수 있는 질문을 제시하였다. 질문은 학습자 자신의 경험을 바탕으로 답할 수 있는 것으로 이루어져 있다.

학습목표

학습자가 단원 전체의 핵심적인 내용을 먼저 살펴볼 수 있도록 하기 위해 구성하였다. 이 단원을 학습하고 나면 학습자가 무엇을 할 수 있는지를 제시하는 문장으로 이루어져 있다. 학습목표는 단원별 소주제 수에 맞추어 2개로 구분하였다.

관련 단원 확인하기

각 단원에서 다루는 학습 내용이 서로 연계되어 있음을 보여주기 위해 구성하였다. 해당 단원과 관련되는 기본 또는 심화 교재의 단원 제목과 내용을 소개하고 있다.

본문

단원에서 다루고 있는 주제의 주요 내용을 담고 있는 부분이다. 학습자의 이해를 돕기 위한 본문 내용과 관련되는 다양한 사진, 그림, 도표 등을 활용하였다.

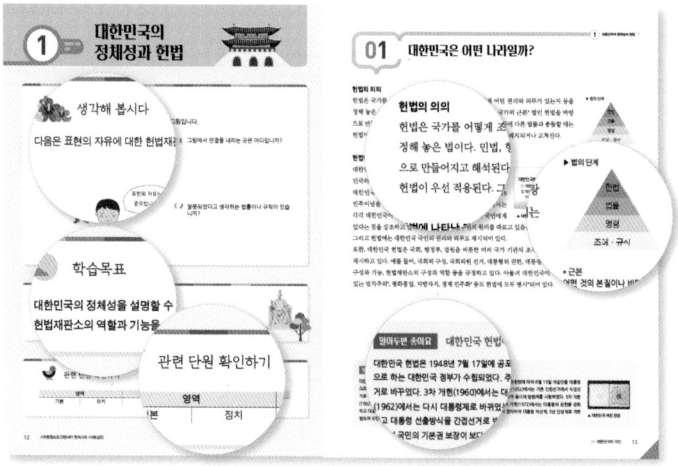

용어 해설

본문의 왼쪽이나 오른쪽을 활용하여 본문에 있는 주요 용어나 어려운 용어의 뜻을 풀이하였다. 경우에 따라서는 본문과 관련된 자료를 제시하기도 하였다.

알아두면 좋아요

학습자가 한국을 더 잘 이해하고 일상생활을 하는 데 실질적으로 도움을 줄 수 있는 정보나 흥미 있는 내용을 중심으로 구성하였다.

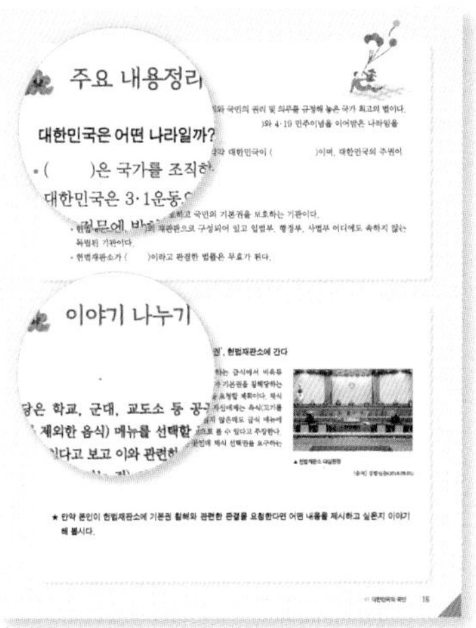

주요 내용정리

본문에서 다룬 주요 내용을 체계적으로 정리해 보도록 하기 위해 구성하였다. 주요 내용을 빈칸으로 남겨 놓아 학습자가 그것을 스스로 채워 보면서 점검이 가능하도록 하였다.

이야기 나누기

제시된 자료를 활용하여 교사와 학습자, 학습자와 학습자 간에 상호작용을 해볼 수 있도록 구성하였다. 학습자가 고향 나라와 한국에서 생활하면서 경험했던 것을 이야기하며 서로의 문화를 더 잘 이해하고 존중할 수 있다.

대단원 정리

영역의 단원별 핵심 내용을 표나 그림으로 정리하여 제시하였다.

수행 평가

십자말풀이, 퀴즈, 단어 조합 등의 다양한 활동을 활용하여 각 영역에서 학습한 내용을 확인할 수 있도록 하였다.

단원 종합 평가

영역에서 학습한 주요 내용을 활용하여 4지 선다형 문항을 구성하였다. 이를 통해 학습자의 이해 정도를 점검하고 부족한 부분을 살펴볼 수 있도록 하였다.

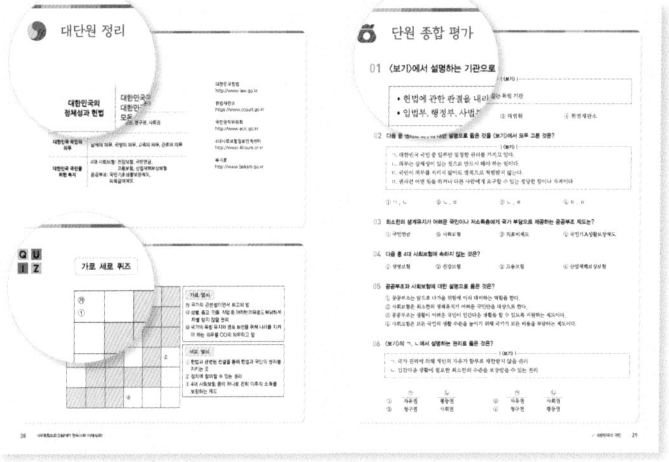

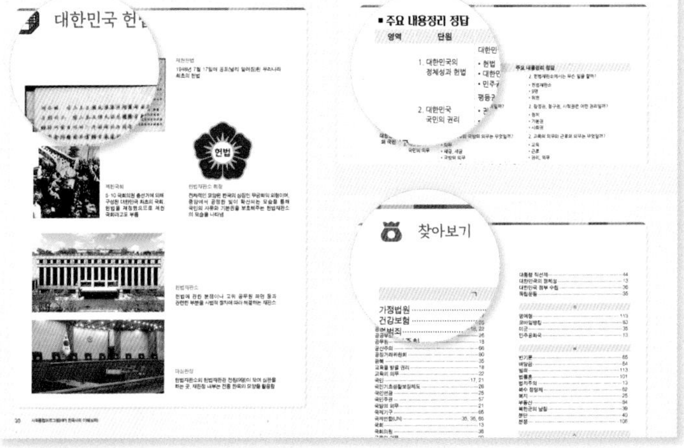

화보

영역의 내용과 관련된 사진이나 삽화 등을 제시하였다. 영역에 대한 학습을 마무리하면서 부담 없이 참고할 수 있도록 화보 형태로 구성하였다.

정답보기

각 단원별 '주요 내용 정리'의 빈칸에 들어갈 정답 및 '대단원 정리'의 수행 평가와 단원 종합 평가의 정답과 해설을 제시하였다.

찾아보기

교재에서 학습한 주요 용어를 ㄱㄴㄷ 순으로 제시하여 학습자가 스스로 학습하는 데 도움을 줄 수 있도록 하였다.

교재 구성

영역	단원	생각해 봅시다	학습목표	본문	알아두면 좋아요	이야기 나누기
대한민국의 국민	1. 대한민국의 정체성과 헌법	표현의 자유에 대한 헌법재판소의 판단을 나타낸 그림	1. 대한민국의 정체성을 설명할 수 있다. 2. 헌법재판소의 역할과 기능을 설명할 수 있다.	1. 대한민국은 어떤 나라일까? 2. 헌법재판소에서는 무슨 일을 할까?	1. 대한민국 헌법이 걸어온 길 2. 각 나라의 헌법 1조는 어떻게 되어 있을까?	'채식 선택권' 헌법재판소에 간다
	2. 대한민국 국민의 권리	차별에 대한 그림	1. 권리의 의미를 통해 권리 보호의 필요성을 설명할 수 있다. 2. 헌법에 보장된 국민의 기본적인 권리를 제시할 수 있다.	1. 평등권과 자유권은 어떤 권리일까? 2. 참정권, 청구권, 사회권은 어떤 권리일까?	1. 나의 행복을 위해 내가 원하는 이름으로 바꿀 수 있을까? 2. 기본권도 제한될 수 있다?	학교 내 휴대전화 사용 제한은 기본권 침해일까?
	3. 대한민국 국민의 의무	국민의 권리와 의무를 나타낸 그림	1. 대한민국 국민의 의무 중 납세와 국방의 의무를 설명할 수 있다. 2. 대한민국 국민의 의무 중 교육과 근로의 의무를 설명할 수 있다.	1. 납세의 의무와 국방의 의무는 무엇일까? 2. 교육의 의무와 근로의 의무는 무엇일까?	1. 외국인도 세금을 내야 할 때가 있다 2. 내 재산은 내 마음대로 해도 될까?	투표해야 할 의무 VS 투표하지 않을 권리
	4. 대한민국 국민을 위한 복지	4대 사회보험을 나타낸 그림	1. 대한민국 사회보험의 종류를 구분할 수 있다. 2. 공공부조 제도의 개념과 특징을 설명할 수 있다.	1. 미래의 위험에 대비하는 사회보험에는 무엇이 있을까? 2. 인간다운 삶을 위한 공공부조에는 무엇이 있을까?	1. 노인 부양도 이제 사회가 함께! 2. 의료급여, 잘 알고 이용하세요.	복지병을 조심하자!
대한민국의 역사와 발전	5. 대한민국 정부 수립	1945년 8·15 광복 직후 38도선을 넘어오려는 사람들의 모습	1. 광복 이후 통일 정부 수립 노력을 설명할 수 있다. 2. 대한민국 정부가 수립되는 과정을 설명할 수 있다.	1. 광복 이후 통일 정부 수립 노력은 어떻게 이루어졌을까? 2. 대한민국 정부는 어떻게 수립되었을까?	1. 38도선은 어떻게 만들어졌을까? 2. 5·10 총선거에서는 국회의원 후보자를 작대기로 표시했다고?	'대한민국'이라는 나라 이름(국호)에 담긴 의미
	6. 6·25 전쟁과 남북관계	2018년 4월 27일, 남·북한 두 정상이 만나는 모습	1. 6·25 전쟁의 전개 과정을 설명할 수 있다. 2. 정전 협정 이후 남북 관계의 변화 과정을 설명할 수 있다.	1. 6·25 전쟁은 어떻게 시작되고 전개되었을까? 2. 정전 협정 이후 남북의 관계는 어떻게 변화하였을까?	1. 6·25 전쟁과 관련된 음식은 무엇일까? 2. 판문점, '분단'의 상징에서 '화해와 평화'의 장소로	스포츠로 하나된 남과 북
	7. 민주주의의 발전	4·19 혁명, 5·18 민주화운동, 6월 민주 항쟁 모습	1. 한국 민주주의 발전 과정을 설명할 수 있다. 2. 한국의 민주적 절차와 제도가 성립된 배경을 이해할 수 있다.	1. 4·19 혁명과 유신 반대 운동은 어떻게 전개되었을까? 2. 5·18 민주화 운동과 6월 민주 항쟁은 어떻게 전개되었을까?	1. 오빠와 언니는 왜 총에 맞았나요? 2. 5·18 민주화 운동을 기록한 여고생의 일기	국민의 대표를 뽑는 헌법의 개정
	8. 사회 변동	1983년과 2015년에 발표한 가족 계획 포스터	1. 한국의 저출산·고령화로 나타난 변화에 대해 말할 수 있다. 2. 다문화 사회로의 변화 양상과 발전 모습을 제시할 수 있다.	1. 저출산·고령화로 어떤 변화가 나타났을까? 2. 다문화 사회가 되면서 어떤 변화가 나타났을까?	1. 외국인 계절 근로자 제도란 무엇일까? 2. 당구 여신으로 평가받는 캄보디아댁, 스롱 피아비 선수	가보자! 세계인의 날 기념행사 및 다문화축제
대한민국의 정치와 외교	9. 정치 과정과 시민 참여	시민들의 다양한 일상생활 모습	1. 정치 과정과 정치 참여의 중요성을 설명할 수 있다. 2. 다양한 정치 참여 방법을 제시할 수 있다.	1. 사람들의 다양한 이익은 어떻게 정치에 반영될까? 2. 정치에 참여하는 방법에는 어떤 것이 있을까?	1. 정치 과정은 어떻게 이루어질까? 2. 외국인을 위한 이익집단, 시민단체도 있어요	"시장 후보? 몰라요" 선거 무관심 심각
	10. 선거와 정당	선거 유세 모습	1. 공정한 선거를 위한 기관과 제도에 대해 설명할 수 있다. 2. 정당의 의미와 역할을 설명할 수 있다.	1. 공정한 선거를 위한 기관과 제도에는 무엇이 있을까? 2. 정당은 어떤 일을 할까?	1. 이렇게 하면 선거법 위반입니다 2. 정권 교체: 여당이 야당 되고, 야당이 여당 된다	펭수, 선관위 얼굴로 뽑혀...'만18세 유권자 투표 독려'
	11. 외교와 국제 관계	세계 지도	1. 국제사회와 교류하는 한국의 역할을 이해할 수 있다. 2. 한국과 주변과의 국제 관계를 설명할 수 있다.	1. 국제 사회에서 한국은 어떤 역할을 할까? 2. 한국은 주변 국가와 어떤 관계를 맺고 있을까?	1. 세계 5대 스포츠대회를 모두 개최한 한국	이제는 '스타 외교관'
	12. 남북통일을 위한 노력	국기의 모습	1. 분단된 남북 현실을 설명할 수 있다. 2. 남북통일의 필요성과 통일을 위한 노력 방안을 제시할 수 있다.	1. 분단된 남북의 현실은 어떠할까? 2. 통일을 위해서 어떤 노력을 하고 있을까?	1. 남한과 북한의 언어, 얼마나 달라졌나요? 2. 스포츠로 하나된 남북 단일팀이 걸어온 길	북한에도 과외가 있을까?

영역	단원	생각해 봅시다	학습목표	본문	알아두면 좋아요	이야기 나누기
대한민국의 경제	13. 한국의 경제체제	여러 가지 직업의 모습	1. 시장경제체제의 특징을 설명할 수 있다. 2. 경제활동에서 한국 정부의 역할을 설명할 수 있다.	1. 한국의 경제체제는 무엇일까? 2. 경제활동에서 한국 정부는 어떤 역할을 할까?	1. 경제체제가 다른 대한민국과 북한, 경제력 차이는? 2. 마스크 가격을 안정시킨 한국 정부의 노력	한국은 경제적으로 얼마나 자유로울까?
	14. 금융과 자산관리	생애주기별 소득과 소비를 나타낸 그래프	1. 금융기관을 통한 대출과 보험에 대해 설명할 수 있다. 2. 다양한 노후 대비 및 자산 관리 방법을 비교할 수 있다.	1. 은행과 보험을 통한 자산 관리는 어떻게 할까? 2. 주식, 채권, 부동산을 이용한 자산관리는 어떻게 할까?	1. 돈을 쉽게 빌려준다고 하는 곳, 쉽게 믿으면 안돼요~ 2. 노후를 보장하는 또다른 방법, 연금저축	나의 신용등급, 어떻게 관리하면 좋을까?
	15.기업과근로자	한국을 대표하는 주요 기업	1. 대한민국의 기업에 대해 설명할 수 있다. 2. 대한민국에서 근로자에게 보장되는 권리에 대해 설명할 수 있다.	1. 한국에는 어떤 기업들이 있을까? 2. 근로자의 근로 여건과 권리는 어떻게 보호할까?	1. 치킨집을 통해 보는 한국 자영업의 명암 2. 밀린 임금을 받을 수 있도록 국가가 도와줍니다	한국에서 성공한 비결? 한국인이 좋아하는 레시피를 개발했어요!
	16. 국민경제와 국제거래	한국에 대한 세계 주요 언론 보도 내용	1. 대한민국 국민경제의 모습을 설명할 수 있다. 2. 대한민국의 국제거래 모습에 대해 설명할 수 있다.	1. 한국의 국민경제는 어떤 모습일까? 2. 한국의 국제거래는 어떻게 이루어지고 있을까?	1. 물가상승률이 수치보다 높게 느껴져요~ 2. 환전 수수료 줄이기	해외직구 피해를 조심하세요
대한민국의 법질서	17. 가족 문제와 법	'나'와 관련된 가족과 친척 관계를 나타낸 가계도	1. 가족관계에서 법의 역할을 설명할 수 있다. 2. 이혼 상황에서의 법적 문제 해결 과정을 설명할 수 있다.	1. 법은 가족관계에 어떤 영향을 줄까? 2. 이혼 상황에서 어떤 법적 보호를 받을 수 있을까?	1. 법률혼과 사실혼은 어떻게 다를까? 2. 재판까지 가고 싶지 않다면? 이혼 조정 제도도 있어요	가정폭력은 엄연한 범죄!
	18. 재산 문제와 법	유언장의 예시	1. 상속과 관련된 법적 문제 해결 과정을 설명할 수 있다. 2. 법을 통한 재산 분쟁 해결 과정을 설명할 수 있다.	1. 상속 상황에서 법은 어떤 역할을 할까? 2. 재산 관련 분쟁은 어떻게 법으로 해결할까?	1. 유언은 꼭 법에서 정한 형식을 지켜야 해요 2. 소액사건 심판제도 이해하기	유언장에는 없어도, 가족이라면 상속받을 수 있다
	19. 직장생활과 법	아르바이트를 하는 모습	1. 비정규직 근로자의 권리를 보호하기 위한 법을 설명할 수 있다. 2. 안전한 직장 생활을 위해 근로자를 보호하는 법을 설명할 수 있다.	1. 비정규직 근로자는 어떻게 보호받을까? 2. 안전한 직장 생활을 위한 법에는 어떤 것이 있을까?	1. 콜센터에 전화하면 들을 수 있는 말 2. 육아를 위해 아빠, 엄마 모두 휴직할 수 있다	성희롱 예방을 위한 노력이 필요해요
	20. 범죄와 법	최근 음주운전 관련 법률 제정의 배경 모습	1. 범죄와 형벌에 대한 법적 내용을 설명할 수 있다. 2. 인권을 보장하는 형사재판 과정에 대해 설명할 수 있다.	1. 범죄와 형벌에는 어떤 것이 있을까? 2. 형사재판 과정에서 법은 어떤 역할을 할까?	1. 마약 관련 범죄는 강력한 처벌을 받아요 2. 국선변호인 선정제도	불법체류 외국인 통보의무 면제제도, 알고 있나요?

차례

제1편
대한민국의 국민

제2편
대한민국의 역사와 발전

제3편
대한민국의 정치와 외교

제4편
대한민국의 경제

제5편
대한민국의 법질서

제 1 편

대한민국의 국민

1. 대한민국의 정체성과 헌법
2. 대한민국 국민의 권리
3. 대한민국 국민의 의무
4. 대한민국 국민을 위한 복지

1 대한민국의 국민

대한민국의 정체성과 헌법

생각해 봅시다

다음은 표현의 자유에 대한 헌법재판소의 판단을 나타낸 그림입니다.

01 그림에서 판결을 내리는 곳은 어디입니까?

02 잘못되었다고 생각하는 법률이나 규칙이 있습니까?

학습목표

1. 헌법을 중심으로 대한민국의 정체성을 설명할 수 있다.
2. 헌법재판소의 역할과 기능을 설명할 수 있다.

관련 단원 확인하기

영역		제목	관련 내용
기본	정치	23. 사법부	법원

01 대한민국은 어떤 나라일까?

헌법의 의의

헌법은 국가를 어떻게 조직하고 통치할 것인지, 국민에게 어떤 권리와 의무가 있는지 등을 정해 놓은 법이다. 민법, 형법, 상법, 행정법 등 모든 법률은 국가의 근본• 법인 헌법을 바탕으로 만들어지고 해석된다. 헌법은 최고 법의 지위를 가지기 때문에 다른 법률과 충돌할 때는 헌법이 우선 적용된다. 그리고 헌법에 어긋나는 정책이나 법률은 폐지되거나 고쳐진다.

▶ 법의 단계

헌법에 나타난 대한민국의 정체성

대한민국 헌법은 1948년 7월 17일에 제정•되었다. 헌법에는 대한민국의 정체성과 특징이 잘 담겨 있다. 헌법 전문•에 나타나 있는 대한민국은 3·1운동으로 세워진 대한민국 임시정부와 4·19 민주이념을 이어받은 나라이다. 헌법 제1조 1항과 2항에서는 각각 대한민국이 민주공화국이며, 대한민국의 주권이 국민에게 있다는 점을 강조하고 있다. 대한민국이 국민주권의 원리를 따르고 있음을 알 수 있다.

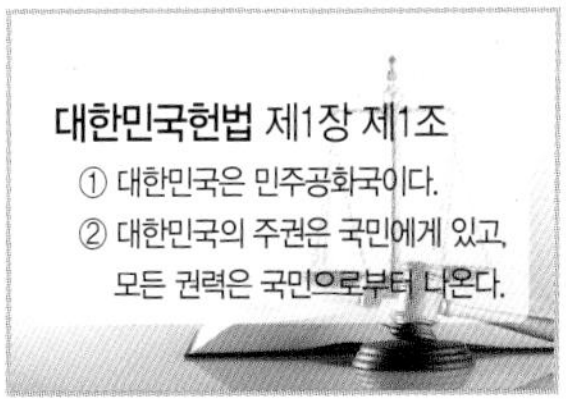

▲ 대한민국 헌법 제1조 1항, 2항

그리고 헌법에는 대한민국 국민의 권리와 의무도 제시되어 있다.

또한, 대한민국 헌법은 국회, 행정부, 법원을 비롯한 여러 국가 기관의 조직과 운영 방법을 제시하고 있다. 예를 들어, 국회의 구성, 국회의원 선거, 대통령의 권한, 대통령 선거, 법원의 구성과 기능, 헌법재판소의 구성과 역할 등을 규정하고 있다. 아울러 대한민국이 지향하고 있는 법치주의•, 평화통일, 지방자치, 경제 민주화• 등도 헌법에 모두 명시•되어 있다.

• **근본**
어떤 것의 본질이나 바탕

• **제정**
제도나 법을 만들어 정함

• **전문**
법령의 머릿말

• **법치주의**
권력자의 뜻이 아니라 법에 따라 나라를 운영하는 원리

• **경제 민주화**
경제의 균형 있는 성장과 적정한 소득 분배, 경제 활동을 하는 주체 간의 조화를 지향하는 것(헌법 제119조)

• **명시**
분명하게 보여줌

알아두면 좋아요 대한민국 헌법이 걸어온 길

대한민국 헌법은 1948년 7월 17일에 공포되고 1987년까지 9번의 개정이 이루어졌다. 제헌헌법에 따라 1948년 8월 15일 이승만을 대통령으로 하는 대한민국 정부가 수립되었다. 주요 개헌 내용을 살펴보면 다음과 같다. 1차 개헌(1952)에서는 기존 간접선거에서 직접선거로 바꾸었다. 3차 개헌(1960)에서는 대통령제에서 의원 내각제로 정부 형태를 변경했으며 동시에 양원제를 시행하였다. 5차 개헌(1962)에서는 다시 대통령제로 바뀌었는데 처음으로 국민투표에 의해 확정되었다. 7차 개헌(1972)에서는 대통령의 권한을 강화하고 대통령 선출방식을 간접선거로 변경하였다. 9차 개헌(1987)에서는 여당과 야당이 합의하여 대통령 직선제, 5년 단임제로 개헌했으며 국민의 기본권 보장이 보다 강화되었다.

▲ 대한민국 제헌 헌법

02 헌법재판소에서는 무슨 일을 할까?

헌법 수호를 위한 헌법재판소

헌법은 대한민국 국민과 국가를 위한 법이므로, 헌법을 수호* 하는 것은 곧 대한민국을 지키고 보호하는 것과 같다.

1987년에 개정된 대한민국 헌법에서는 헌법재판소라는 기관을 만들어 헌법을 수호하고 국민의 기본권을 보호하도록 하였다. 헌법재판소는 9명의 재판관으로 구성되어 있고 입법부, 행정부, 사법부 어디에도 속하지 않는 독립된 기관이다.

▲ 헌법재판소

헌법재판소의 주요 역할은 다음과 같다. 첫째, 국회에서 만든 법률이 헌법에 맞는지 판단한다. 헌법재판소가 위헌*이라고 판결한 법률은 무효*가 된다.

둘째, 국회가 대통령이나 장관, 법관 등 일부 고위 공무원*의 파면*을 요구할 때 심판*하는 역할을 한다. 고위 공무원이 헌법이나 법률을 위반했다고 헌법재판소가 판결을 내리면 그 공무원은 즉시 파면된다. 2017년 헌법재판소는 당시 대통령의 파면을 결정한 적이 있다.

셋째, 국가 권력에 의해 대한민국 국민이 헌법에 보장된 기본권을 침해당했는지의 여부*를 결정한다. 2000년대 중반까지는 남성을 중심으로 가족의 질서를 규정한 법(호주제)이 있었다. 이 법은 인간의 존엄성 및 양성평등*에 맞지 않고 국민의 기본권을 침해했다는 헌법재판소의 판결에 따라 지금은 사라지고 가족관계등록법으로 바뀌었다.

- **수호**: 지켜 보호함
- **위헌**: 헌법에 맞지 않음
- **무효**: 효과나 효력이 없음
- **고위 공무원**: 국가의 일을 맡은 사람들 중에 중요하고 높은 관직에 있는 사람
- **파면**: 잘못을 한 사람에게 일이나 직장을 그만두게 함
- **심판**: 어떤 문제나 사람에 대하여 잘잘못을 따져 결정을 내림
- **여부**: 그러함과 그렇지 않음
- **양성평등**: 남성과 여성이 차별 없이 동등함

알아두면 좋아요 각 나라의 헌법 1조는 어떻게 되어 있을까?

헌법 1조에는 각 나라에서 중요하게 생각하는 국가의 가치나 정신이 잘 담겨 있다.

- 독일: 인간의 존엄성은 침해될 수 없다. 인간의 존엄성을 존중하고 보호하는 것은 모든 국가 권력의 의무이다.
- 베트남: 베트남 사회주의 공화국은 육지, 부속도서, 영해, 영공을 포함한 독립, 주권, 통일, 국토가 있는 국가이다.
- 중국: 중화인민공화국은 근로자 계급이 지도하고 노동 동맹을 기초로 하는 인민 민주주의 전제 정치의 사회주의 국가이다. 사회주의 제도는 중화인민공화국의 근본 제도이다. 어떠한 조직이나 개인도 이 사회주의 제도를 금지할 수 없다.
- 미국: 연방 의회는 나라의 종교를 정하거나 자유로운 신앙 행위를 금지하는 법을 만들 수 없다. 또한 언론, 출판의 자유, 평화롭게 집회를 할 권리 및 불만 사항의 구제를 위해 정부에게 청원할 수 있는 권리를 제한하는 법을 만들 수 없다.
- 몽골: 몽골은 독립된 자주 공화국이다. 국가 활동의 근본 목적은 민주주의, 정의, 자유, 평등, 국가 화합과 법의 존중을 보장하는 것이다.
- 일본: 일본 왕은 일본의 상징이며 일본 국민의 통합의 상징으로서 그 지위는 주권을 가진 국민의 뜻에서 나온다.

주요 내용정리

01 대한민국은 어떤 나라일까?

- (   )은 국가를 조직하고 통치하는 원리와 국민의 권리 및 의무를 규정해 놓은 국가 최고의 법이다.
- 대한민국은 3·1운동으로 세워진 (   )와 4·19 민주이념을 이어받은 나라임을 헌법 전문에 밝히고 있다.
- 대한민국 헌법 제1조 1항과 2항에서는 각각 대한민국이 (   )이며, 대한민국의 주권이 (   )에게 있다는 점을 강조하고 있다.

02 헌법재판소에서는 무슨 일을 할까?

- (   )는 헌법을 수호하고 국민의 기본권을 보호하는 기관이다.
- 헌법재판소는 (   )명의 재판관으로 구성되어 있고 입법부, 행정부, 사법부 어디에도 속하지 않는 독립된 기관이다.
- 헌법재판소가 (   )이라고 판결한 법률은 무효가 된다.

이야기 나누기

헌재 "민식이법, 기본권 침해 아니다" - 헌법소원 기각

어린이보호구역(스쿨존)에서 운전 부주의로 12세 미만 어린이를 사망하게 할 경우 최대 무기징역에 처할 수 있도록 한 '민식이법'이 헌법상 기본권을 침해한다는 헌법소원이 제기됐지만 받아들여지지 않았다. 신설된 법5조13의 처벌규정이 행동 자유권과 신체의 자유, 재산권, 평등권 등 헌법상 기본권을 침해한다는 게 청구인들의 주장이다. 헌재는 해당 조항은 "어린이 안전에 유의하며 운전을 하도록 해 교통사고 위험으로부터 어린이를 보호하기 위한 입법 목적의 정당성이 인정된다"며, "어린이 보호구역에서 운전자를 가중처벌하도록 정한 것은 경각심을 높여 사고 발생을 감소시키는 데 기여할 수 있어 수단의 적합성도 인정된다"고 판단했다.

▲ 헌법재판소

[출처] 동아일보(2023.02.27.)

★ 만약 본인이 헌법재판소에 기본권 침해와 관련한 판결을 요청한다면 어떤 내용을 제시하고 싶은지 이야기해 봅시다.

2 대한민국의 국민 대한민국 국민의 권리

생각해 봅시다

다음은 차별에 대한 그림입니다.

01 그림에서는 무엇 때문에 차별을 받습니까?

02 여러분은 어떠한 이유로 차별받은 적이 있습니까?

학습목표

1. 권리의 의미를 통해 권리 보호의 필요성을 설명할 수 있다.
2. 헌법에 보장된 국민의 기본적인 권리를 제시할 수 있다.

관련 단원 확인하기

영역		제목	관련 내용
기본	정치	24. 선거와 지방자치	참정권

01 평등권과 자유권은 어떤 권리일까?

권리

권리란 어떤 일을 하거나 다른 사람에게 요구할 수 있는 정당한 힘이나 자격을 말한다. 대한민국 국민은 누구나 일정한 권리를 가지고 있으며 이 권리는 법에 의해 보호를 받는다. 대한민국 헌법은 인권을 바탕으로 인간으로서 가지는 기본적 권리(기본권)을 보장하고 있다. 기본권에는 평등권, 자유권, 참정권, 청구권, 사회권 등이 있다.

▶ 기본권과 인권의 관계

평등권

평등권은 성별, 종교, 인종, 직업 등 어떠한 이유로도 부당하게 차별받지 않을 권리이다. 모든 국민은 법 앞에서 평등하므로, 이유 없이 특권•을 누리거나 불이익•을 당하지 않는다. 그런데 평등이라고 해서 무조건 똑같이 대우하는 것은 아니다. 모든 사람에게 기회는 균등•하게 주되 개인의 상황, 능력, 기여• 정도 등을 모두 고려하여 그에 맞게 대우해야 한다.

▲ 평등권의 예

- **특권** 특별한 권리
- **불이익** 이익이 되지 않고 손해가 됨
- **균등** 차이가 없이 고름
- **기여** 도움이 됨

자유권

자유권은 국가 권력에 의해 개인의 자유가 함부로 제한받지 않을 권리이다. 예를 들면, 모든 국민은 신체의 자유가 있어서 경찰에 함부로 체포당하지 않는다. 또한, 자유롭게 주거지를 옮길 수 있고 직업을 선택할 수 있다. 사생활•을 보호받을 수 있고 원하는 종교를 가질 수 있으며 언론·출판·집회·결사•의 자유와 양심의 자유 등도 보장된다.

▲ 자유권의 예

- **사생활** 개인의 사적인 일상생활
- **결사** 여러 사람이 공동의 목적을 이루기 위하여 단체를 조직함
- **개명** 법률상 이름을 바꾸는 일

알아두면 좋아요 나의 행복을 위해 내가 원하는 이름으로 바꿀 수 있을까?

갓난아기는 스스로 이름을 지을 수 없기 때문에 부모를 비롯한 어른들이 이름을 지어준다. 그런데 그 이름 때문에 성장하면서 놀림을 받거나 불이익을 당하는 경우가 있다. 그래서 법원의 허락을 받아 이름을 바꾸는 사람들이 있는데, 대법원에 따르면 1년에 평균 15만 명 정도가 개명• 신청을 한다고 한다. 법원이 이름을 바꾸도록 허락해 주는 근거는 대한민국 헌법에서 보장하는 '행복을 추구할 권리'에 있다. 특이한 이름 때문에 이름이 불릴 때마다 고통을 겪는다면 결코 행복할 수 없기 때문이다. 개명허가신청서 등 필요한 서류를 가정법원에 제출하면 한 달 정도 후에 결과를 알 수 있다. 대한민국 법원 전자소송 홈페이지를 이용하면 인터넷으로도 개명 신청을 할 수 있다.

02 참정권, 청구권, 사회권은 어떤 권리일까?

참정권

참정권은 정치에 참여할 수 있는 권리이다. 민주주의 국가에서는 국민이 국가의 주인으로서 나라의 중요한 의사 결정과 국가 운영에 참여할 수 있다. 예를 들어, 대통령 선거, 국회의원 선거에서 투표하거나 자신이 직접 후보자가 되어 선거에 나감으로써 참정권을 누릴 수 있다. 공무원이 되어 나랏일•을 할 수 있는 권리도 참정권에 포함된다.

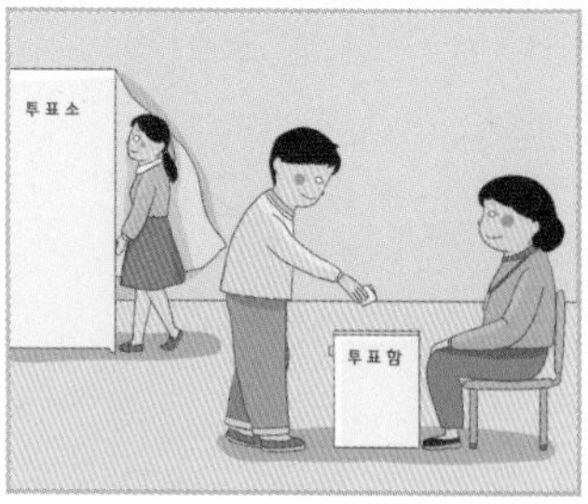

▲ 참정권의 예

• **나랏일**
나라의 일

청구권

청구권은 국가에 대하여 일정한 요구를 할 수 있는 권리이다. 평등권, 자유권, 참정권, 사회권 등이 헌법에 보장되어 있더라도 실제 생활에서 그 권리가 침해되었을 때 이를 구제•받지 못한다면 아무 소용이 없다. 청구권은 다른 기본권을 보장하기 위해 필요한 기본권이다. 청원권•, 재판 청구권, 손해배상 청구권 등이 청구권에 속한다.

▲ 청구권의 예

• **구제**
어려운 처지에 놓인 사람을 도와줌

• **청원권**
국민이 국가기관에 대하여 일정한 사항에 관한 희망을 진술할 권리

사회권

사회권은 인간다운 생활에 필요한 최소한의 수준을 보장받을 수 있는 권리이다. 몸이 아프거나 나이가 많아 생활이 어려운 사람들, 경제적 형편이 어려운 사람들에게 국가가 최소한의 생계•와 의료 등을 지원하는 것은 사회권을 보장하기 위해서이다. 사회권에는 교육을 받을 권리, 깨끗한 환경에서 살 권리 등도 포함된다.

▲ 사회권의 예

• **생계**
살림을 꾸리고 살아가는 방법이나 형편

• **공공복리**
여러 사람의 복지와 이익

알아두면 좋아요 기본권도 제한될 수 있다?

헌법 37조 ② 국민의 모든 자유와 권리는 국가 안전보장·질서유지 또는 공공복리를 위하여 필요한 경우에 한하여 법률로써 제한할 수 있으며, 제한하는 경우에도 자유와 권리의 본질적인 내용을 침해할 수 없다.

헌법에 보장된 기본권도 제한될 수 있을까? 대한민국 헌법 제37조 2항에서는 국가 안전보장, 질서유지, 공공복리•를 위해서 기본권을 제한할 수 있다고 되어 있다. 그러나 조건이 있다. 첫째, 아무 때나 제한하는 것이 아니라 필요한 경우에 한하여 제한할 수 있다. 둘째, 마음대로 제한하는 것이 아니라 법률을 통해서만 제한할 수 있다. 셋째, 제한하더라도 자유와 권리의 본질적인 내용을 침해할 수 없다.

▲ 기본권 제한의 예

주요 내용정리

01 평등권과 자유권은 어떤 권리일까?

- (　　　)란 어떤 일을 하거나 다른 사람에게 요구할 수 있는 정당한 힘이나 자격이다.
- (　　　　)은 성별, 종교, 인종, 직업 등 어떠한 이유로도 부당하게 차별받지 않을 권리이다.
- (　　　　)은 국가 권력에 의해 개인의 자유가 함부로 제한 받지 않을 권리로, 신체의 자유, 사생활 보호, 종교의 자유 등이 포함된다.

02 참정권, 청구권, 사회권은 어떤 권리일까?

- 참정권은 (　　　)에 참여할 수 있는 권리로, 선거에서 투표할 수 있는 권리, 공무원이 될 수 있는 권리 등을 포함한다.
- 청구권은 국가에 대하여 일정한 요구를 할 수 있는 권리로, 다른 (　　　　)을 보장하기 위해 필요한 기본권이다.
- (　　　　)은 인간다운 생활에 필요한 최소한의 수준을 보장받을 수 있는 권리로, 생계와 의료 지원을 받을 수 있는 권리, 교육을 받을 권리 등이 포함된다.

이야기 나누기

휴대전화 전면제한 중단 권고에도 - '거부' 학교 잇따라

국가인권위원회는 교육시간 외에도 휴대전화를 전면으로 제한하는 것은 헌법상 '과잉금지 원칙'에 반할 소지가 크다고 판단했다. 즉 점심시간 등 휴식 시간에는 사용을 허가하는 등 학생 피해를 최소화하면서도 교육적 목적을 달성할 수 있는 다른 방법을 고려할 수 있는데, 일괄적으로 제한하는 것은 문제가 있다고 본 것이다. 이에 인권위는 지난 7월 해당 중학교에 문제의 규정을 개정하라고 권고했다. 그러나 학교장은 현행 규정을 유지하겠다며 권고를 불수용했다. 학교측은 학교에서 휴대전화를 상시 소지할 경우 교우들과의 인권침해, 교권침해, 불법 촬영, 녹음 등의 문제를 발생시키거나 노출될 우려가 크고, 학생의 자율적 관리 역량이 부족한 상황에서는 강제 규제도 교육을 위한 수단이 될 수 있다고 했다.

[출처] KBS뉴스(2024.01.23.)

★ **학교 내 휴대전화 사용 제한이 기본권 침해인지, 아닌지에 대해 말해 봅시다. 만약 사회통합 프로그램 수업에서 휴대전화 사용을 제한한다면 그에 대해 어떻게 생각하는지 이야기해 봅시다.**

3 대한민국의 국민 대한민국 국민의 의무

생각해 봅시다

다음은 국민의 권리와 의무를 나타낸 그림입니다.

01 다음 그림 중 국민의 의무에 해당하는 것은 무엇입니까?

02 자신의 고향 나라에서 국민의 의무로 규정하고 있는 것은 무엇입니까?

학습목표

1. 대한민국 국민의 의무 중 납세와 국방의 의무를 설명할 수 있다.
2. 대한민국 국민의 의무 중 교육과 근로의 의무를 설명할 수 있다.

관련 단원 확인하기

영역		제목	관련 내용
기본	교육	10. 초·중등교육	의무교육

01 납세의 의무와 국방의 의무는 무엇일까?

의무

대한민국 헌법에는 국민으로서 누릴 수 있는 권리와 함께 국민으로서 지켜야 하는 의무도 규정하고 있다. 의무란 마땅히 해야 하는 일을 가리킨다. 특히 헌법에서 정해 놓은 의무는 강제성•을 띠고 있는 것으로 반드시 수행해야 한다. 대한민국 국민이 따라야 할 기본적인 의무에는 납세, 국방, 교육, 근로 등이 있다.

• **강제성**
억지로 따르게 하는 성질

납세의 의무

납세의 의무는 세금을 내야 하는 의무이다. 세금은 국가나 지방자치단체가 복지, 교육, 건설•, 행정 등에 사용하는 돈이다. 국민은 국가가 안정적으로 유지되고 발전하는 데 필요로 하는 돈을 확보•할 수 있도록 세금을 성실하게 내야 한다. 세금은 국가가 마음대로 정할 수 없다. 반드시 법률을 통해서 세금의 종류와 비율 등을 정해 놓아야 한다.

• **건설**
건물이나 시설을 새로 짓는 것

• **확보**
확실히 가지고 있음

국방의 의무

국방의 의무는 국가의 독립을 유지하고 영토를 보전하기 위해 나라를 지켜야 하는 의무이다. 특히 18세 이상의 대한 민국 국적의 남성은 일정 기간 동안 군인으로 복무•해야 한다. 그래서 국방의 의무는 남성에게만 있는 것으로 생각할 수 있다. 그러나 국방의 의무는 단순히 군 복무에만 해당하는 것이 아니다. 평상시에도 국가 안보와 관련된 다양한 활동을 해야 할 의무를 국민 전체가 가지고 있다.

▲ 국방의 의무를 다하고 있는 모습

한편, 귀화한 남성의 경우 국방의 의무는 있지만 현역•으로 입대•하지 않아도 된다. 단, 스스로 원해서 군대에 가고자 한다면 징병검사•를 받은 후 입대할 수 있다.

• **복무**
일정한 직무나 임무를 맡아 일함

• **현역**
현재 각 부대에서 복무하고 있는 군인

• **입대**
군대에 들어가 군인이 됨

• **징병검사**
군 생활을 하기에 적합한 신체적·정신적 특성을 가지고 있는지 확인하는 검사

알아두면 좋아요 외국인도 세금을 낸다

국내에 체류하는 외국인 근로자들은 근로소득 연말정산뿐 아니라 종합소득세 신고, 일용근로소득 원천징수, 주민세 등 다양한 방법으로 세금을 내고 있다. 또한 누구나 상품을 사거나 서비스를 이용할 때 부가가치세도 내야 한다. 세금 납부 금액도 해가 지날수록 커지고 있다. 외국인 근로자를 위한 과세 특례가 있기는 하다. 하지만 고학력 연구직·기술직 등 인재 유치의 차원에서 만들어진 제도로, 수혜 대상이 많지 않다.

▲ 연말정산

02 교육의 의무와 근로의 의무는 무엇일까?

교육의 의무

▲ 수업을 받고 있는 학생들

교육의 의무는 모든 국민이 자녀에게 교육을 받게 할 의무이다. 대한민국은 교육을 통해 모든 국민이 생활에 필요한 기본적인 교양과 능력을 갖추도록 하고 있다. 교육기본법에 따라 초등학교와 중학교 과정이 의무 교육으로 규정되어 있으므로, 부모는 자녀가 6세 이상이 되면 학교에 보내 교육을 받도록 해야 한다. 특별한 이유 없이 자녀를 학교에 보내지 않으면 부모는 법에 따라 최대 100만원 이하의 과태료•를 낼 수 있다.

• 과태료
의무를 게을리 한 사람에게 내도록 하는 돈

근로의 의무

근로의 의무는 개인의 행복과 국가의 발전을 위해 자신이 맡은 일을 열심히 해야 하는 의무이다. 국민은 근로를 통해 생활에 필요한 것을 얻을 수 있고 나라의 경제가 활발하게 돌아가도록 하는 데에도 기여•할 수 있다. 일할 수 있는 능력이 있고 여건•이 갖추어져 있는데도 일을 하지 않고 국가가 자신의 생활을 보장해 주기만을 요구하는 것은 바람직하지 않다. 대한민국 국민이라면 누구나 자신의 능력 범위 내에서 정당한 근로를 통해 생활을 꾸려 나가야 한다.

• 기여
도움이 됨

• 여건
주어진 조건

국민의 권리이면서 의무인 것

대한민국 국민은 교육을 받을 권리도 있지만 자녀에게 교육을 받게 할 의무도 가지고 있다. 또한 일할 기회를 가지며 적정한 임금을 받을 수 있는 근로의 권리도 가지면서 자신의 생활을 위해 일을 해야 하는 근로의 의무도 가지고 있다. 누구나 건강하고 쾌적한 환경에서 살 권리를 가지고 있는 동시에 환경을 보호하고 오염시키지 않아야 하는 의무도 있다. 그리고 자신의 재산을 자유롭게 사용할 수 있는 권리도 있지만 재산에 대한 권리를 행사할 때 공공복리•에 적합하도록 해야 하는 의무도 있다. 국가는 공공복리를 위해 법률로써 재산권 행사를 제한할 수 있다. 국민의 권리를 더욱 잘 보장받기 위해서는 의무도 잘 지켜야 한다. 자신의 의무를 다하는 것이 다른 사람의 권리를 지키는 동시에 나의 권리를 보장받을 수 있는 또 다른 방법임을 인식해야 한다.

• 공공복리
사회 구성원 전체에 두루 관계되는 이익

알아두면 좋아요 내 재산은 내 마음대로 해도 될까?

어느 시골 마을에 사는 놀부 영감은 어느 날 등기부등본을 떼었다가 마을의 조그만 길이 자신의 땅이라는 걸 알게 되었다. 그날부터 마을 사람들이 그 길로 다니지 못하게 했다. 시내에 나가려면 그 길을 꼭 지나가야 했기 때문에 마을 사람들은 놀부 영감에게 부탁을 했다. 그러나 놀부 영감은 "내 땅을 내 마음대로 한다는데 무슨 상관이냐?"라며 거절했다. 놀부 영감의 행동은 옳은 걸까? 헌법 제23조 제2항은 "재산권의 행사는 공공복리에 적합하도록 하여야 한다."라고 규정하고 있다.

주요 내용정리

01 납세의 의무와 국방의 의무는 무엇일까?

- (　　　)란 법으로 정해져서 강제성이 있고 반드시 해야 하는 일이다.
- 납세의 의무는 (　　　)을 내야 하는 의무이다. (　　　)은 국가나 지방자치단체가 복지, 교육, 건설, 행정 등에 사용하는 돈이다.
- (　　　　　　)는 국가의 독립을 유지하고 영토를 보전하기 위해 나라를 지켜야 하는 의무로, 남성뿐 아니라 국민 전체가 가지고 있는 것이다.

02 교육의 의무와 근로의 의무는 무엇일까?

- 대한민국은 (　　　)을 통해 모든 국민이 생활에 필요한 기본적인 교양과 능력을 갖추도록 하고 있다.
- (　　　)의 의무는 개인의 행복과 국가의 발전을 위해 자신이 맡은 일을 열심히 해야 하는 의무이다.
- 교육, 근로, 환경, 재산권 행사 등과 관련한 내용은 국민의 (　　　)인 동시에 (　　　) 이기도 하다.

이야기 나누기

투표해야 할 의무 VS 투표하지 않을 권리

'의무투표제'가 실시되고 있는 나라에서는 투표율이 상당히 높다. 이들 나라에서는 유권자(투표권이 있는 사람)가 특별한 이유 없이 투표를 하지 않으면 벌금을 내거나 나중에 투표권이 제한될 수 있다.

이와 관련한 찬반 논쟁이 팽팽하다. 의무투표제에 찬성하는 쪽에서는 투표율이 낮은 선거보다는 대부분의 국민이 참여한 투표에서 당선된 대표자의 대표성이 더 높기 때문에 의무투표제를 통해 민주주의가 더욱 잘 실현될 수 있다고 본다. 의무투표제를 반대하는 쪽에서는 투표를 강제하면 오히려 어떤 후보자가 적합한지 판단할 수 없거나 선거에 관심이 없는 사람들까지도 투표에 참여하게 되어 국민의 정확한 뜻을 담아내기 어렵다고 본다.

▲ 투표 장려 포스터

[출처] 중앙선거관리위원회

★ 최근의 한국은 투표율이 높지 않은 편이지만 아직 의무투표제를 실시하지 않고 있습니다. 한국의 의무투표제 도입에 대한 본인의 생각을 이야기해 봅시다.

대한민국 국민을 위한 복지

생각해 봅시다

다음은 4대 사회보험을 나타낸 그림입니다.

01 여러분은 사회보험의 혜택을 받은 적이 있습니까?

02 한국과 자신의 고향 나라의 사회보험을 비교해서 말해 볼까요?

학습목표

1. 대한민국 사회보험의 종류를 구분할 수 있다.
2. 공공부조 제도의 개념과 특징을 설명할 수 있다.

관련 단원 확인하기

영역		제목	관련 내용
기본	사회	7. 복지	사회보험, 공공부조
		8. 의료와 안전	건강보험제도

01 미래의 위험에 대비하는 사회보험에는 무엇이 있을까?

사회보험의 의미

대한민국은 국민의 인간다운 삶 보장과 생활수준 향상을 위해 사회보험과 공공부조라는 사회복지• 제도를 운영하고 있다. 사회보험은 질병, 사망, 노령•, 실업 등의 위험에 대비하여 국가가 보험을 통해 국민을 보호하기 위한 것이다. 사회보험은 법에 따라 국가가 강제성을 띠고 운영하는 것으로 의무 가입이 원칙이다. 건강보험, 국민연금, 고용보험, 산업재해보상보험을 4대 사회보험이라고 한다.

• **복지**
행복한 삶 또는 그러한 삶을 위한 환경

• **노령**
나이가 많음

건강보험

건강보험은 아프거나 다쳐서 병원을 찾았을 때 의료비의 일부를 지원하는 제도이다. 대한민국의 건강보험은 의료비 보장 체계가 잘 되어 있고 본인 부담금• 비중이 낮아 매우 우수한 것으로 인정받고 있다. 단, 치료가 아니라 미용이나 예방 등을 목적으로 하는 진료에 대해서는 의료비 지원을 하지 않는다.

▲ 건강보험증

국민연금

국민연금은 은퇴• 이후의 소득을 보장하는 제도이다. 정부가 관여하여 운영하는 공적• 연금으로 세계 3대 연기금(한국, 일본, 노르웨이)에 속한다(2022년). 가입자가 나이가 들거나 사고 또는 질병으로 사망하거나 장애가 생겨 더 이상 돈을 벌 수 없을 경우 가입자 본인이나 유족•에게 연금을 지급한다.

고용보험

고용보험은 직장을 잃은 사람에게 실업 급여•를 주고 직장을 구할 수 있도록 지원해 주는 제도이다. 이를 통해 실직자•는 생활에 필요한 돈을 받거나 재취업을 위한 직업 훈련을 받을 수 있다.

산업재해보상보험

산업재해보상보험은 일을 하다가 생긴 부상, 질병, 장해•, 사망 등의 피해를 보상하기 위한 제도이다. 직장 등에서 일을 하는 중에 생긴 재해•로 다쳤을 경우 의료비를 지원하고, 일을 하지 못하게 되는 기간만큼 일정한 급여를 주기도 한다.

• **본인 부담금**
전체 의료비 중에서 환자 본인이 내야 하는 금액

• **은퇴**
하던 일에서 물러나는 것

• **공적**
개인적인 것이 아니라 여러 사람과 관계됨

• **유족**
죽은 사람의 남아 있는 가족

• **급여**
제공되는 돈이나 물품

• **실직자**
직장을 잃은 사람

• **장해**
하고자 하는 일을 방해함

• **재해**
뜻하지 않게 일어난 불행한 사고

• **노인 부양**
노인을 돌보는 일

알아두면 좋아요 노인 부양•도 이젠 사회가 함께!

제5의 사회보험으로도 불리는 노인장기요양보험은 나이가 많거나 질병이 있어서 혼자서 일상생활을 하기 어려운 노인이 신체 활동을 할 수 있도록 도와주거나 집안일 지원 등과 같은 장기요양급여를 제공한다. 과거에 노인 부양은 가족이 도맡았지만 이제는 사회가 함께 그 부담을 나누어지겠다는 뜻에서 2008년 7월부터 노인장기요양보험이 시행되었다. 국민건강보험 가입자(피부양자 포함)는 기본적으로 장기요양보험의 수급대상이 된다.

출처: 보건복지부

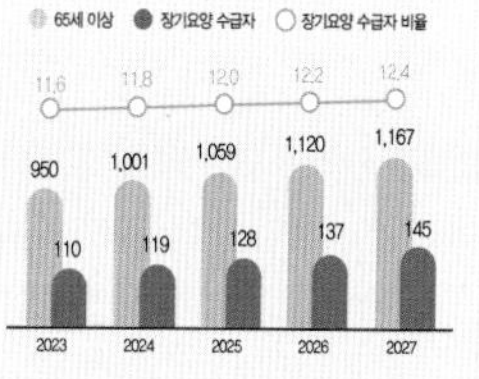

▲ 장기요양 수급자 전망(만 명, %)

02 인간다운 삶을 위한 공공부조에는 무엇이 있을까?

공공부조의 의미와 특징

공공부조는 사회복지 제도의 하나로, 국가나 지방자치단체가 생활 능력이 없거나 생활이 어려운 국민의 최저 생활을 보장하고 자립• 을 지원하는 제도이다. 국가가 보장하는 최저 생활이란 인간다운 삶의 최소 수준을 말한다. 인간다운 생활을 누린다고 말하기 위해서는 최소한의 의식주를 해결할 수 있어야 하고 최소한의 교육이나 의료 혜택 등을 누릴 수 있어야 한다. 대한민국에서는 공공부조와 관련하여 국민기초생활보장제도와 의료급여제도가 운영되고 있다. 사회보험이 다가올 위험에 대비하는 것이라면, 공공부조는 위험이 발생했을 때 그것을 해결하고 대응하기 위한 것이다. 또한, 공공부조는 사회보험과 달리 저소득층 등과 같이 최소한의 생활이 어려운 사람을 대상으로 한다. 그렇기 때문에 국가나 지방자치단체가 거의 모든 비용을 지원한다.

▲ 공공부조와 사회보험의 차이

• **자립**
스스로 일어섬

▶ 2024년 의료급여 산정기준
◎ 소득인정액이 기준 중위소득 40% 이하인 가구

(단위: 원)

구분	2023년 (중위소득 40%)	2024년 (중위소득 40%)
1인가구	831,157	891,378
2인가구	1,382,462	1,473,044
3인가구	1,773,927	1,885,863
4인가구	2,160,386	2,291,965
5인가구	2,532,275	2,678,294
6인가구	2,891,193	3,047,348
7인가구	3,243,006	3,405,998

출처: 보건복지부

국민기초생활보장제도

국민기초생활보장제도는 가족이나 스스로의 힘으로 생계를 유지할 능력이 없거나 생활이 어려운 저소득층에게 국가나 지방자치단체가 생계·교육·의료·주거 등의 기본적인 생활을 보장해 주는 제도이다. 국가나 지방자치단체로부터 받는 급여 외에는 부양받을 방법이 없는 사람 중에 소득이 최저생계비• 이하인 경우 지원 대상자가 된다.

의료급여제도

의료급여제도는 국가가 생계유지 능력이 없거나 저소득층인 국민에게 제공하는 의료비 지원 제도이다. 의료급여 대상자(1종)는 1,000원~2,000원 정도의 비용으로 병원 진료를 받을 수 있고 입원 치료는 무료로 받을 수 있다. 약국은 500원에 이용할 수 있다(2024년 기준).

• **최저생계비**
생활에 필요한 최소한의 비용

알아두면 좋아요 의료급여, 잘 알고 이용하세요

의료급여 수급권자는 1차 진료를 의원이나 보건소에서 받을 수 있고, 병원이나 종합병원 진료가 필요한 경우 진료의뢰서를 발급받아 1차→2차→3차 의료기관에서 진료를 단계적으로 받을 수 있다. 수급권자가 사용할 수 있는 의료급여일수(병의원 진료받은 일수와 입원일수, 투약일수)의 상한일수는 질환에 따라 다르며(365일~400일) 의료급여일수가 부족할 경우 질환에 따라 연장신청을 할 수 있다. 수급권자가 자신의 고의(잘못인 줄 알면서 일부러 하는 것) 또는 과실(어떤 일에 주의하지 않아서 생긴 잘못이나 실수)로 인한 범죄행위 때문에 의료급여가 필요하게 된 경우, 제3자의 가해행위로 인하여 의료급여가 필요하게 된 경우에는 의료급여를 받을 수 없다. 또한 의료급여증을 다른 사람에게 빌려주거나 다른 사람의 의료급여증을 빌려 진료를 받는 경우 의료급여법 제35조에 의해 1년 이하의 징역 또는 1천만 원 이하의 벌금이 부과된다.

주요 내용정리

01 미래의 위험에 대비하는 사회보험에는 무엇이 있을까?

- (　　　　　)은 아프거나 다쳐서 병원을 찾았을 때 의료비의 일부를 지원하는 제도이다.
- (　　　　　)은 은퇴 이후의 소득을 보장하는 제도로, 정부가 관여하여 운영하는 공적 연금이다.
- (　　　　　)은 직장을 잃은 사람에게 실업급여를 주고 직장을 구할 수 있도록 지원해 주는 제도이다.
- (　　　　　　　　)은 일을 하다가 생긴 부상, 질병, 장해, 사망 등의 피해를 보상하기 위한 제도이다.

02 인간다운 삶을 위한 공공부조에는 무엇이 있을까?

- 공공부조는 생계가 어렵거나 생활 능력이 없는 국민의 (　　　　　)을 보장하고 자립을 지원하는 제도이다.
- (　　　　　　　　　　)는 국가나 지방자치단체가 생계·교육·의료·주거 등의 기본적인 생활을 보장해 주는 제도이다.
- (　　　　　　)는 생계유지 능력이 없거나 저소득층인 국민에게 제공하는 의료비 지원 제도이다.

이야기 나누기

복지병을 조심하자!

복지병이라는 말이 있다. 사회복지 제도를 잘 갖추어 놓는 것은 물론 좋은 일이지만, 그로 인해 정부의 비용 부담이 늘고 사람들이 일할 의욕을 잃게 된다는 점을 지적하는 말이다. 영국은 1940년대부터 '요람에서 무덤까지'라는 표어 아래 적극적인 복지 정책을 펴왔다. 그러나 1960~1970년대에 이르러 일하지 않고 사회복지 제도에만 기대려는 사람들이 많이 나타나 영국 사회 전체적으로 효율성이 크게 떨어지기도 했다. 복지병은 사회복지 정책을 강화하려는 나라의 정부와 국민이 한번쯤 생각해 볼만한 것이다. 한국은 어떨까? 복지병을 앓을 만큼 사회복지를 많이 실시하고 있는 것일까, 아니면 아직도 더 많은 사회복지가 필요한 것일까?

[출처] 네이버 지식백과, 복지 사회 참고

★ 한국의 사회복지 제도에서 더 많이 확대되어야 한다고 생각되는 부분을 이야기해 봅시다.
자신의 고향 나라와 한국의 사회복지 제도의 특징이나 종류 등을 비교해서 말해 봅시다.

대단원 정리

대한민국의 정체성과 헌법	대한민국은 민주공화국이다. 대한민국의 주권은 국민에게 있고 모든 권력은 국민으로부터 나온다.
대한민국 국민의 권리	평등권, 자유권, 참정권, 청구권, 사회권
대한민국 국민의 의무	납세의 의무, 국방의 의무, 교육의 의무, 근로의 의무
대한민국 국민을 위한 복지	4대 사회보험: 건강보험, 국민연금, 고용보험, 산업재해보상보험 공공부조: 국민기초생활보장제도, 의료급여제도

대한민국헌법
http://www.law.go.kr

헌법재판소
https://www.ccourt.go.kr

국민권익위원회
http://www.acrc.go.kr

4대사회보험정보연계센터
http://www.4insure.or.kr

복지로
http://www.bokjiro.go.kr

QUIZ

가로 세로 퀴즈

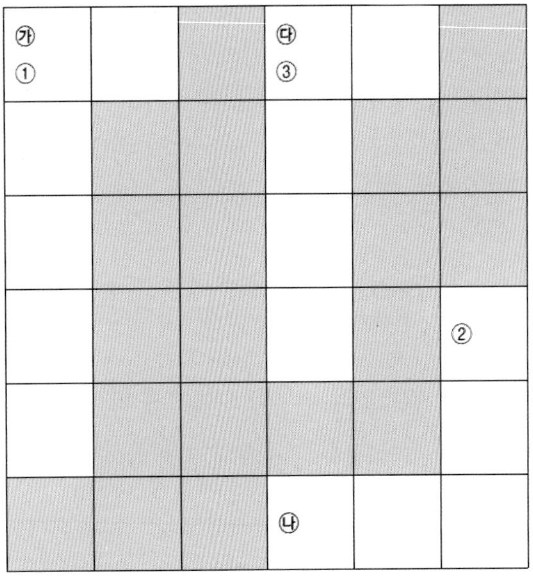

가로 열쇠

㉮ 국가의 근본법이면서 최고의 법
㉯ 성별, 종교, 인종, 직업 등 어떠한 이유로도 부당하게 차별 받지 않을 권리
㉰ 국가의 독립 유지와 영토 보전을 위해 나라를 지켜야 하는 의무를 OO의 의무라고 함

세로 열쇠

① 헌법과 관련된 판결을 통해 헌법과 국민의 권리를 지키는 곳
② 정치에 참여할 수 있는 권리
③ 4대 사회보험 중의 하나로 은퇴 이후의 소득을 보장하는 제도

단원 종합 평가

01 〈보기〉에서 설명하는 기관으로 옳은 곳은?

〈보기〉
- 헌법에 관한 판결을 내리는 곳
- 입법부, 행정부, 사법부 어느 곳에도 속하지 않는 독립 기관

① 국회 ② 청와대 ③ 대법원 ④ 헌법재판소

02 다음 중 권리와 의무에 대한 설명으로 옳은 것을 〈보기〉에서 모두 고른 것은?

〈보기〉
ㄱ. 대한민국 국민 중 일부만 일정한 권리를 가지고 있다.
ㄴ. 의무는 강제성이 있는 것으로 반드시 해야 하는 일이다.
ㄷ. 국민이 의무를 지키지 않아도 법적으로 처벌받지 않는다.
ㄹ. 권리란 어떤 일을 하거나 다른 사람에게 요구할 수 있는 정당한 힘이나 자격이다.

① ㄱ, ㄴ ② ㄴ, ㄷ ③ ㄴ, ㄹ ④ ㄷ, ㄹ

03 최소한의 생계유지가 어려운 국민이나 저소득층에게 국가 부담으로 제공하는 공공부조 제도는?

① 국민연금 ② 사회보험 ③ 의료비제도 ④ 국민기초생활보장제도

04 다음 중 4대 사회보험에 속하지 <u>않는</u> 것은?

① 생명보험 ② 건강보험 ③ 고용보험 ④ 산업재해보상보험

05 공공부조와 사회보험에 대한 설명으로 옳은 것은?

① 공공부조는 앞으로 다가올 위험에 미리 대비하는 역할을 한다.
② 사회보험은 최소한의 생계유지가 어려운 국민만을 대상으로 한다.
③ 공공부조는 생활이 어려운 국민이 인간다운 생활을 할 수 있도록 지원하는 제도이다.
④ 사회보험은 모든 국민의 생활 수준을 높이기 위해 국가가 모든 비용을 부담하는 제도이다.

06 〈보기〉의 ㄱ, ㄴ에서 설명하는 권리로 옳은 것은?

〈보기〉
ㄱ. 국가 권력에 의해 개인의 자유가 함부로 제한받지 않을 권리
ㄴ. 인간다운 생활에 필요한 최소한의 수준을 보장받을 수 있는 권리

	㉠	㉡		㉠	㉡
①	자유권	평등권	②	자유권	사회권
③	청구권	사회권	④	청구권	평등권

대한민국 헌법 이야기

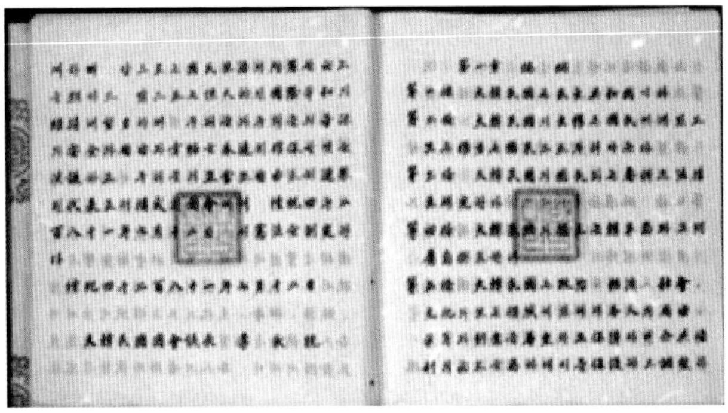

제헌헌법

1948년 7월 17일에 공포(널리 알려짐)된 대한민국 최초의 헌법

제헌국회

5·10 국회의원 총선거에 의해 구성된 대한민국 최초의 국회. 헌법을 제정했으므로 제헌국회라고도 부름

헌법재판소 휘장

전체적인 모양은 한국의 상징인 무궁화의 외형이며, 중앙에서 공정한 빛이 확산되는 모습을 통해 국민의 자유와 기본권을 보호해주는 헌법재판소의 모습을 나타냄

헌법재판소

헌법에 관한 분쟁이나 고위 공무원 파면 등과 관련한 부분을 사법적 절차에 따라 해결하는 재판소

대심판정

헌법재판소의 헌법재판관 전원(9명)이 모여 심판을 하는 곳. 재판정 내부는 전통 한옥의 모양을 활용함

대한민국 국민의 권리와 의무 이야기

국방의 의무

한국에서 여성은 지원을 통해 군대에 갈 수 있음. 2022년 기준 여군은 1만 6천 명에 달하며, 군은 2027년까지 여군 비율을 15.3%까지 끌어올린다는 구상임

참정권

19대 대선(2017) 투표율은 77.2%로 20년 만에 최고 기록임. 21대 총선(2020) 투표율은 66.2%, 20대 대선(2022) 77.1%, 22대 총선(2024) 67.0%임.

납세의 의무

2023년 기준 한국의 총 조세수입은 497조 원임

평등권

사회 전 분야에서 여성과 남성의 동등한 권리와 책임, 참여 기회를 보장하여 실질적인 양성평등 사회의 구현을 목적으로 하는 법안인 양성평등기본법이 2015년부터 시행되고 있음

사회권

2024년 최저시급 9,860원(월급 2,060,740원)임

제 2 편

대한민국의 역사와 발전

5 대한민국의 역사와 발전

대한민국 정부 수립

생각해 봅시다

다음은 1945년 8·15 광복 직후, 38도선(남한과 북한을 나누는 선)을 넘어오려는 사람들의 모습입니다.

01 표지판 왼쪽에는 영어로 '미국 구역(남한)', 오른쪽에는 러시아어로 '소련 구역(북한)'이라고 표시되어 있습니다. 이 표지판 옆에 있는 미국 군인은 무엇을 하고 있을까요?

02 그때 38도선은 왜 만들어졌을까요?

학습목표

1. 광복 이후 통일 정부 수립 노력을 설명할 수 있다.
2. 대한민국 정부가 수립되는 과정을 설명할 수 있다.

관련 단원 확인하기

영역		제목	관련 내용
기본	정치	21. 입법부	국회의 구성, 법 제정 절차, 국회의원의 특권과 의무

01 광복 이후 통일 정부 수립 노력은 어떻게 이루어졌을까?

8·15 광복과 남북 분단

1945년 8월 15일, 일본이 연합국•에 무조건 항복을 선언하면서 한국은 광복•을 맞이하였다. 광복은 연합국의 승리 및 일본의 패배와 함께 얻어낸 것임과 동시에, 한국인의 오랜 독립운동의 결과이기도 하였다.

광복 이후 한국에서는 새로운 나라를 세우기 위한 노력이 이어졌다. 그러나 한반도의 안정을 목적으로 38도선 남쪽에는 미군이, 북쪽에는 소련군이 머물면서 한반도를 통치하였기 때문에 새로운 나라를 세우는 일이 늦어지게 되었다.

▲ 광복 직후 남과 북을 나눈 38도선

통일 정부 수립을 위한 노력

1945년 12월, 미국, 영국, 소련의 외무장관이 모스크바에 모였다(모스크바 3국 외상 회의). 이들은 한반도에 민주적인 임시 정부를 수립하기로 하고 이를 돕기 위해 미국과 소련이 미·소 공동 위원회를 열기로 결정하였다. 또한 최대 5년 동안 한반도에 신탁 통치•를 실시하기로 결정하였다. 한반도에서는 신탁 통치를 반대하는 사람들과• 모스크바 3국 외상 회의의 결정을 지지하는 사람들• 사이에 큰 갈등이 일어났고 결국 두 차례 열린 미·소 공동위원회는 성과를 거두지 못하였다.

이후 1947년 국제 연합(UN) 총회에서는 한반도에서 총선거를 실시하여 통일 정부를 세울 것을 결정하고 이를 지원하기로 하였다. 그러나 소련은 북한에서 국제 연합이 활동하는 것을 반대하였다. 결국 국제 연합은 38도선 남쪽(남한)에서만 총선거를 실시할 것을 결정하였다.

• 연합국
제2차 세계 대전 때 독일, 이탈리아, 일본에 맞서 함께 싸웠던 국가들(영국, 미국, 프랑스 등)

• 광복
빼앗긴 주권을 다시 찾다.

• 신탁 통치
아직 스스로 통치할 능력이 없는 지역이나 국가에 대해 국제 연합(UN)을 대신한 일부 국가가 통치하는 것

• 신탁 통치 반대 집회
신탁 통치를 반대하는 사람들은 즉시 독립을 해야 한다고 생각하였다.

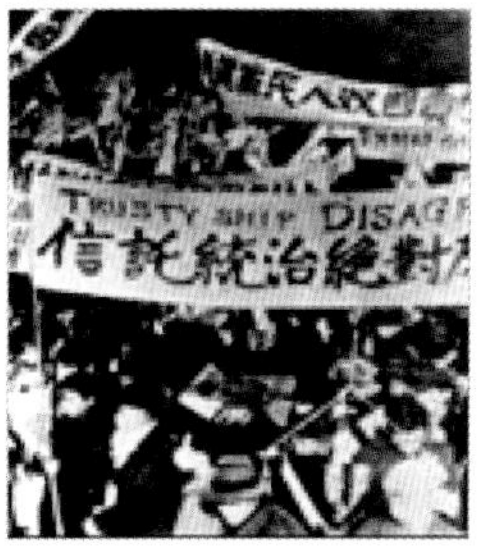

• 모스크바 3국 외상 회의의 결정을 지지하는 집회
집회 참여자들은 민주적인 임시 정부를 먼저 세운 후 강대국과 의논을 통해 신탁 통치 기간을 줄이자고 하였다.

알아두면 좋아요 38도선은 어떻게 만들어졌을까?

제2차 세계대전이 끝나갈 무렵 일본은 곧 항복을 앞두고 있었다. 미국은 일본이 한반도에서 철수하면 소련이 한반도 전체를 차지할 수도 있다는 점을 걱정하였다. 그래서 미국은 38도선을 경계로 북쪽은 소련군이, 남쪽은 미군이 일본군을 무장 해제(무기 등 전투 장비를 빼앗음)시키자고 소련에 제안하여 동의를 받았다. 38도선은 이렇게 처음에는 군사적인 경계선이었다. 그러나 이후 미군과 소련군이 38도선을 기준으로 남북을 각각 통치하면서 남한과 북한으로 나누는 정치적인 분단선으로 변하였다.

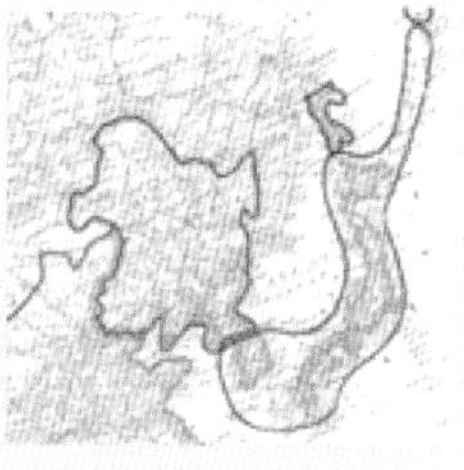
▲ 1945년 8월 11일 미국이 38도선을 확정할 때 참고한 지도

02 대한민국 정부는 어떻게 수립되었을까?

남북 협상

독립운동가이자 대한민국 임시 정부의 지도자였던 김구는 한반도가 남과 북으로 나뉘게 될 것을 염려하였다. 그래서 '3천만 동포에게 읍고•함'이라는 글을 통해 남한에 단독 정부가 세워지는 것을 반대한다는 뜻을 발표하였다. 이어서 38도선 아래 지역에서만 총선거가 실시되는 것을 막고 통일 정부 수립을 의논하기 위해 평양에 가서 북한의 정치인들과 의논하였다(남북 협상). 이 협상에서 남북한 총선거에 의한 정부 수립에 합의했지만, 냉전 체제의 심화 등 국제 정세로 인해 끝내 실현되지는 못했다.

▲ 남북 협상에 참석하기 위해 38도선을 넘는 김구 일행

• **읍고**
울면서 알리다

• **5·10 총선거 홍보 포스터**
5·10 총선거는 21세 이상 모든 국민이 보통·평등·직접·비밀 선거의 원칙에 따라 참여한 최초의 민주 선거였다.

대한민국 정부 수립

국제 연합의 결정에 따라 1948년 5월 10일에 38도선 이남(남한 지역)에서 국회의원을 선출하는 선거(5·10 총선거•)가 실시되었다. 이 선거에서 당선된 국회의원들은 국회(제헌 국회)를 구성한 뒤 나라 이름을 '대한민국'으로 정하고 대한민국 헌법(제헌 헌법)을 만들어 발표하였다. 그리고 대통령에 이승만, 부통령에 이시영을 선출하였다.

▲ 대한민국 정부 수립 선포식(1948.8.15)

1948년 8월 15일, 초대• 대통령 이승만은 대한민국 정부 수립을 국내외에 선포하였다. 이후 대한민국은 국제 연합과 여러 나라의 승인을 받았다.

한편, 북한 지역에서도 1948년 9월 9일 조선 민주주의 인민 공화국 정부가 세워졌다. 이로써 남한과 북한에는 체제를 달리하는 대한민국 정부와 조선 민주주의 인민 공화국 정부가 각각 세워졌다. 이에 따라 38도선은 분단선으로 굳어져 갔고 남북 간의 대립과 갈등도 커졌다.

• **초대**
첫 번째

알아두면 좋아요 5·10 총선거에서는 국회의원 후보자를 작대기로 표시했다고?

"작대기 하나 ○○○ 후보입니다. 기억해 주십시오!"
1948년 5·10 총선거 당시에는 글을 읽고 쓰지 못하는 사람들이 많아 선거 홍보 포스터는 물론 투표용지에도 국회의원 후보자 기호를 숫자가 아니라 '작대기'로 표기하였다. 많은 후보자가 사람들에게 자신의 기호를 작대기 개수로 알리며 선거 유세(자신을 알리며 돌아다니는 것)를 다녔다. 이렇게 치러진 한국 최초의 국회의원 선거는 전국적으로 95.5%라는 높은 투표율을 기록하였다.

▲ 5·10 총선거 모습

주요 내용정리

01 광복 이후 통일 정부 수립 노력은 어떻게 이루어졌을까?

- 1945년 8월 15일, 일본의 항복과 한국인의 오랜 독립운동의 결과로 (　　　)을 맞이하였다.
- (　　　　)을 경계로 남쪽에는 미군이, 북쪽에는 소련군이 머물면서 한반도를 통치함에 따라 새로운 나라를 세우는 일이 늦어졌다.
- 모스크바 3국 외상 회의의 결정 내용이 한국에 알려진 뒤 한국인들은 (　　　　　)를 반대하는 사람들과 결정 내용을 지지하는 사람들 사이에 큰 갈등이 발생하였다.

02 대한민국 정부는 어떻게 수립되었을까?

- 독립운동가이자 대한민국 임시정부 지도자였던 (　　　)는 남북한 통일 정부 수립을 위하여 남북 협상을 벌였지만 성과를 거두지는 못하였다.
- 1948년 5월 10일 실시된 총선거 결과 국회가 구성되어 헌법을 만들고 나라 이름을 (　　　　　) 으로 정하였다.
- 1948년 8월 15일 초대 대통령 (　　　)은 대한민국 정부가 수립되었음을 국내외에 알렸다.

이야기 나누기

'대한민국'이라는 나라 이름(국호)에 담긴 의미

> '제1조 대한민국은 민주 공화국이다.'라는 국호 결정과 관련해서 원래 제안된 안으로 통과시키자는 의견을 회의에 참석한 국회의원 188명 중 163대 2로 가결하여 국호는 '대한민국(　)'으로 결정되었다.
>
> \- 자유신문, 1948. 7. 2. -

위 글은 1948년 제헌 국회에서 나라 이름(국호)이 결정된 상황을 보도한 신문 기사이다. 당시 국호로 여러 이름이 제안되었는데, 그중에서 대다수 국회의원의 지지를 받은 '대한민국'이 나라 이름으로 정해졌다. '대한민국(大韓民國)'은 옛날부터 우리나라를 뜻하는 '한(韓)'이라는 글자에 크다는 의미의 '대(大)'와 주권이 국민에게 있는 국가라는 의미의 '민국(民國)'을 붙인 이름이다.

'대한민국'이라는 이름은 1919년 수립되어 독립운동을 이끌었던 대한민국 임시 정부 때부터 국호로 사용되었다. 이처럼 '대한민국'이라는 나라 이름을 통해서 대한민국이 대한민국 임시 정부를 계승했다는 것을 짐작할 수 있다.

★ 자신의 고향 나라의 국호(나라 이름)가 어떤 의미를 갖고 있는지 소개해 봅시다.

6 대한민국의 역사와 발전

6·25 전쟁과 남북 관계

생각해 봅시다

다음은 이산가족의 날 국가기념일 지정 기념 전시 포스터입니다.

사진 출처: 〈연합뉴스〉

01 이산가족은 왜 생겼을까요?

02 이산가족의 날을 국가기념일로 지정하게 된 배경은 무엇일까요?

학습목표

1. 6·25 전쟁의 전개 과정을 설명할 수 있다.
2. 정전 협정 이후 남북 관계의 변화 과정을 설명할 수 있다.

관련 단원 확인하기

영역		제목	관련 내용
심화	정치	12. 남북 통일을 위한 노력	남북 통일의 필요성과 통일을 위한 노력 방안

01 6·25 전쟁은 어떻게 시작되고 전개되었을까?

북한군의 남침(남쪽을 침략함)

1950년 6월 25일 새벽, 북한군이 남한을 기습침략함으로써 6·25 전쟁이 시작되었다. 북한군은 3일 만에 서울을 점령하였고 대한민국 정부는 부산으로 내려갔다. 유엔(UN)은 북한의 공격을 침략으로 규정하고 대한민국을 돕기 위해 유엔군을 보냈다.

▲ 인천 상륙 작전의 전개(1950.9.15)

낙동강 근처까지 밀렸던 국군과 유엔군은 인천 상륙 작전을 통해 전쟁의 분위기를 바꾸었다. 이후 서울을 되찾고 38도선을 넘어 북한의 압록강까지 올라갔다. 당시 중국은 대규모의 군대를 보내 북한군과 함께 반격하였고 국군과 유엔군은 후퇴하였다. 결국 1951년 1월 4일에 국군과 유엔군은 서울을 다시 빼앗겼다(1·4 후퇴).

▶ 6·25 전쟁의 전개 과정

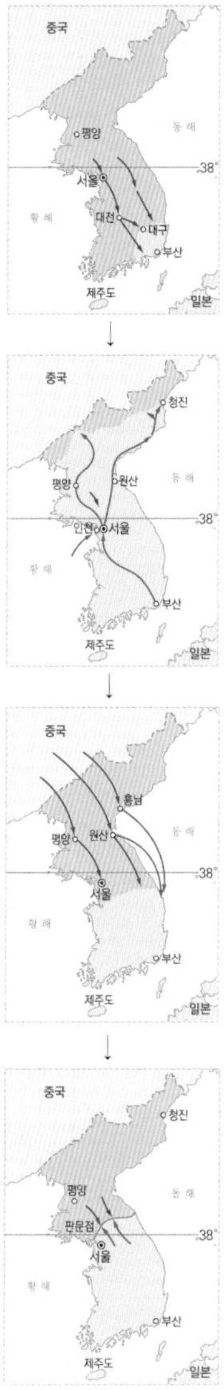

정전 협정의 체결

국군과 유엔군은 반격을 통해 서울을 다시 찾았고 38도선 근처에서 북한군과 치열한 전투를 계속하였다. 전쟁이 길어지면서 양측의 피해가 커지자 전쟁을 멈출 것을 논의하는 정전 협상이 시작되었다. 협상이 진행되는 동안에도 남한과 북한은 조금의 땅이라도 더 차지하기 위해 싸웠고 수많은 사람들이 목숨을 잃었다. 결국 1953년 7월 27일 판문점에서 정전 협정이 체결되면서 약 3년 만에 전쟁을 멈추었다. 이후 한국과 북한은 휴전선을 경계로 분단이 이어지고 있다.

구분	피해 인원(명)
한국군	137,889
한국 민간인	244,663
북한군	508,797
북한 민간인	약 1,500,000
유엔군	40,670
중국군	116,000

▲ 한국 전쟁의 인명피해
(출처: 한국전쟁 60주년 기념사업회)

알아두면 좋아요 6·25 전쟁과 관련된 음식은 무엇일까?

6·25 전쟁 이후 미군이 머물렀던 지역을 중심으로 부대찌개라는 음식이 생겨났다. 이 음식은 미군 부대 근처에서 만든다고 하여 부대찌개라고 불렸다. 부대찌개는 전쟁 후에 먹을거리가 부족해진 사람들이 미군이 먹는 햄, 소시지, 고기 등을 가져다 김치를 넣고 끓여 먹었던 데서 유래하였다.

한편, 6·25 전쟁 때 북한에서 내려온 피란민(전쟁 등과 같은 난리를 피해 떠난 사람)들은 냉면을 먹고 싶어 했지만, 냉면의 재료인 메밀을 구하기 어려웠다. 그래서 밀가루에 감자가루를 섞어서 냉면의 면발과 비슷하게 만든 면을 뽑아 먹었는데, 이를 밀면이라고 불렀다.

▲ 부대찌개와 밀면

02 정전 협정 이후 남북의 관계는 어떻게 변화하였을까?

남북 대화를 위한 노력

1960년대 말 이후 세계적으로 평화를 원하는 분위기가 많아지면서 남북 관계에도 긍정적인 변화가 나타났다. 1972년 7월 4일에는 남북한이 통일에 대한 원칙(자주, 평화, 민족 대단결)에 합의하는 공동 성명•을 발표하였다. 그러나 북한의 회담 중단 선언으로 남북 대화는 오래가지 못하였다.

▲ 7·4 남북 공동 성명 발표 모습(1972)

• 7·4 남북 공동 성명의 주요 내용

첫째, 통일은 다른 나라에 의존하거나 다른 나라의 간섭 없이 자주적으로 해결한다.
둘째, 통일은 상대방에게 무력을 쓰지 않고 평화적으로 실현한다.
셋째, 사상과 이념, 제도의 차이를 넘어 하나의 민족으로서 대단결을 위해 노력한다.

노태우 대통령 시기에 남북 대화가 다시 이어졌고 1991년에는 남북한이 유엔에 동시 가입하였다. 또한 서로의 체제를 인정하고 침략하지 않을 것을 약속하는 남북 기본 합의서를 발표하였으며, 한반도에 핵무기가 없도록 하자는 선언도 하였다. 그러나 북한의 핵 개발 의혹이 제기되면서 남북 관계는 악화되었다.

남북 정상 회담이 열리다

'햇볕 정책'을 내세운 김대중 정부 시기인 1998년 금강산 관광•이 시작되었고, 2000년에는 남북 분단 이후 처음으로 평양에서 남북 정상 회담이 개최되었다. 김대중 대통령과 북한의 김정일 국방 위원장은 6·15 남북 공동 선언을 통해 경제 교류를 늘리고 이산가족 상봉 행사를 여는 등 남북 관계를 크게 개선하였다.

2007년에는 노무현 대통령과 김정일 국방 위원장이 만나 두 번째 남북 정상 회담을 열었다. 이 회담에서는 10·4 남북 공동 선언을 통해 남북의 평화를 지향하고 경제적 교류와 협력을 늘리기로 했다. 그러나 북한의 핵 실험 등을 계기로 남북 관계는 다시 위기를 맞게 되었다. 문재인 대통령은 2018년 평창 동계 올림픽을 계기로 남북 화해와 협력의 분위기를 조성하면서 북한의 김정은 국무 위원장과 여러 차례 남북 정상 회담을 가졌다.

▲ 제1차 남북 정상 회담(2000)

▲ 제2차 남북 정상 회담(2007)

• 금강산 관광 시작(1998)
1998년 금강산 관광객을 실은 금강호가 동해항을 출발하는 모습. 2003년부터는 육로를 통한 관광도 이루어졌으나 2008년 한 관광객이 북한군의 총에 맞아 사망하면서 관광이 중단되었다.

알아두면 좋아요 판문점, '분단'의 상징에서 '화해와 평화'의 장소로

판문점은 남북의 공동 경비 구역(JSA)으로 1953년 정전 협정이 체결된 뒤 한반도의 분단을 상징하는 장소가 되었다. 그러나 2018년에 대한민국의 문재인 대통령과 북한의 김정은 국무 위원장이 이곳에서 한반도 평화와 번영, 통일을 위한 판문점 선언을 발표하였다. 2019년에는 김정은 위원장과 미국 트럼프 대통령이 판문점에서 만나 협력을 논의하기도 하였다. 이러한 만남이 지속되고 결실을 이루어낸다면 판문점은 더 이상 분단의 상징이 아니라 한반도의 화해와 평화의 상징으로 자리 잡을 것이다.

▲ 판문점 선언을 하는 남북의 두 정상(2018) (사진 출처: 청와대)

주요 내용정리

01 6·25 전쟁은 어떻게 시작되고 전개되었을까?

- 1950년 북한군이 남한을 침략함으로써 (　　　　　)이 시작되었다.
- 국군과 유엔군은 (　　　　　　　)을 통해 그동안 밀리던 전쟁의 분위기를 바꾸었다.
- 1953년 7월 27일 판문점에서 (　　　　　)이 체결되면서 약 3년 동안 계속되던 전쟁이 멈추었다.

02 정전 협정 이후 남북의 관계는 어떻게 변화하였을까?

- 1972년 (　　　　　　　　　)에서 남한과 북한은 자주, 평화, 민족 대단결의 3대 통일 원칙에 합의하였다.
- 2000년 대한민국의 (　　　　) 대통령은 북한의 김정일 위원장과 평양에서 만나 분단 이후 최초로 남북 정상 회담을 열었다.
- (　　　) 정부는 2018년 평창 동계 올림픽을 계기로 남북 화해와 협력의 분위기를 조성하며 여러 차례 남북 정상 회담을 열었다.

이야기 나누기

스포츠로 하나된 남과 북

2018년 2월 9일 강원도 평창에서 열린 2018년 평창 동계 올림픽 개막식에서 남한과 북한 선수단의 공동 기수(기를 든 사람)는 한반도기를 앞세우고 동시에 입장하였다. 그들의 뒤를 이어 남한과 북한의 올림픽 선수단 180여 명이 평창 올림픽 경기장에 들어오자 3만 5천 명의 관중이 모두 일어나 박수와 환호로 맞이하였다. 당시 북한 김정은 위원장의 여동생 김여정 부부장도 개막식을 비롯한 여러 경기를 참관하였다. 평창에서는 남과 북이 여자아이스하키 단일팀을 만들어 출전하기도 하였다.

▲ 2018 평창 동계 올림픽에 한반도기를 들고 동시 입장하는 남북한 선수들(사진 출처: 〈연합뉴스〉)

이 같은 스포츠 행사를 통한 남과 북의 만남은 단순한 만남 자체에 그치지 않고 이후 남북 정상 회담과 다양한 교류 등으로 이어졌다.

★ 남한과 북한의 스포츠 교류에 대해 보거나 들었던 경험을 이야기해 봅시다. 이외에 남한과 북한이 교류하고 협력할 수 있는 분야에는 어떤 것이 있을지 이야기해 봅시다.

7 대한민국의 역사와 발전 민주주의의 발전

생각해 봅시다

다음은 각각 ① 1960년 4·19 혁명, ② 1980년 5·18 민주화 운동, ③ 1987년 6월 민주 항쟁 당시의 상황이 나타나 있는 사진입니다.

①		'3·15 선거는 불법이다. 무효다', '부정 선거 다시 하라'라고 씌어 있는 플래카드를 들고 시위를 하는 시민들
②		'비상계엄 해제하라'라고 쓴 플래카드를 들고 시위하는 학생들
③		'직선제로 민주 정부'라고 쓴 깃발을 들고 시위하는 시민과 학생들

01 플래카드에 쓰여 있는 내용은 무엇을 의미할까요?

02 사진 속의 사람들이 추구했던 공통의 목표는 무엇이었을까요?

학습목표

1. 한국 민주주의의 발전 과정을 설명할 수 있다.
2. 한국의 민주적 절차와 제도가 성립된 배경을 이해할 수 있다.

관련 단원 확인하기

영역		제목	관련 내용
기본	정치	20. 한국의 민주정치	민주주의의 의미, 권력 분립의 필요성

01 4·19 혁명과 유신 반대 운동은 어떻게 전개되었을까?

4·19 혁명과 5·16 군사 정변

초대 대통령 이승만은 무리한 방법으로 헌법을 바꾸는 등 오랫동안 권력을 유지하고자 하였다. 특히 1960년에는 대대적인 부정 선거를 저질렀다(3·15 부정 선거). 이에 시민과 학생들이 전국적인 항의 시위를 벌였는데, 이를 4·19 혁명이라고 한다. 시위를 진압*하는 과정에서 많은 사람들이 희생되었다. 결국 이승만 대통령은 국민의 요구를 받아들여 대통령직에서 물러났다.

▲ 미리 표시해 놓은 투표 용지를 불태우는 공무원

이후 장면 국무총리가 중심이 된 정부가 세워졌으나 1년이 못되어 1961년에 박정희를 비롯한 일부 군인들이 무력으로 정권을 차지하였다. 이를 5·16 군사 정변*이라고 한다. 군사 정변을 이끌었던 박정희는 1963년에 대통령에 당선되었다.

• **진압**
억눌러 진정시키다

▶ 5·16 군사 정변 당시의 박정희(가운데)와 군인들

• **정변**
비합법적인 방식으로 일어나는 정치에서의 큰 변동

유신 체제의 성립과 민주주의 억압

박정희 정부는 경제 발전을 위해 경제 개발 5개년 계획을 실시하였다. 이와 함께 한국의 풍부한 노동력을 이용하여 생산한 물건을 해외에 수출하였고 경부 고속 국도* 등 고속도로를 개통하였으며, 포항 종합 제철소 등과 같은 경제 발전에 필요한 중요한 시설을 건설하였다.

그러나 박정희 정부는 민주주의를 억압하였다. 박정희 대통령은 헌법을 바꾸어가며 대통령을 세 번까지 할 수 있도록 하였다. 특히 1972년에는 유신 헌법을 발표하여 대통령의 권한을 더욱 강화하였다. 이를 유신 체제*라고 한다.

국민들은 대통령에게 권력을 집중시켜 놓은 유신 체제가 민주주의에 맞지 않다고 보고 유신 반대 운동을 펼쳤다. 박정희 정부는 이를 억압하였지만 부산, 마산을 비롯한 여러 지역에서 시민들이 정부에 반대하는 시위에 참여하였다. 이러한 혼란 속에서 1979년 박정희 대통령이 사망하였고(10·26 사태) 유신 체제는 막을 내리게 되었다.

• **경부 고속 국도 개통(1970)**

• **유신 체제**
1972년에 만들어진 유신 헌법에 의해 나라가 통치되었던 체제

알아두면 좋아요 오빠와 언니는 왜 총에 맞았나요?

4·19 혁명이 일어났을 때 대학생, 중고등학생은 물론 초등학생들도 시위에 참여하였다. 서울 수송초등학교 학생들 중 일부는 경찰이 쏜 총에 맞아 사망하기도 했다. 이 학교에 다니던 강명희 학생은 사망한 친구들을 그리워하는 마음으로 다음과 같은 시를 지었다.

잊을 수 없는 4월 19일 / 학교에서 파하는 길에 / 총알은 날아오고 / 피는 길을 덮는데 / 외로이 남은 책가방 / 무겁기도 하더군요 / 나는 알아요 우리는 알아요 / 엄마 아빠 아무 말 안해도 / 오빠와 언니들이 / 왜 피를 흘렸는지

▲ 4·19 혁명에 참여한 초등학생들

02 5·18 민주화 운동과 6월 민주 항쟁은 어떻게 전개되었을까?

5·18 민주화 운동

▲ 서울역 앞 시위
1980년 5월, 민주화를 요구하는 시민과 학생들이 시위를 벌였다.

10·26 사태 이후 국민들은 민주주의 실현에 대한 희망을 가졌다. 그러나 오히려 전두환, 노태우 등 일부 군인들이 정권을 장악• 하자 이에 반대하는 시위가 광주를 비롯한 전국 각지에서 일어났다. 당시 정권을 잡고 있던 군인들은 모든 정치 활동을 금지하며 시위를 강력하게 진압하였으며, 비상계엄•을 전국으로 확대하였다.

특히 1980년 5월 18일에 무장한 군인들을 광주에 보내 민주화 시위에 참가한 사람들을 잡아들이고 억압하였다. 광주의 많은 학생과 시민들이 이에 저항하는 과정에서 죽거나 다쳤다. 이를 5·18 민주화 운동•이라고 한다. 이 운동은 이후 한국의 민주화 운동에 큰 영향을 주었다.

• 장악
손 안에 잡아 쥐다.

• 비상계엄
전쟁 또는 전쟁에 준하는 사태로 사회 질서가 극도로 어지러워진 지역을 군대가 통치할 것을 알리는 명령

• 5·18 민주화 운동
시민과 학생들이 당시 광주광역시의 전라남도 도청 앞 광장을 가득 메웠다.

6월 민주 항쟁

▲ 6월 민주 항쟁(1987) 당시 시위에 참여한 시민과 학생들

1987년에 한 대학생이 경찰의 조사를 받다가 죽었다는 사실이 알려져 국민들은 크게 분노하였다. 더구나 전두환 정부가 다음 대통령을 간접 선거로 선출하겠다고 발표하자, 많은 시민과 학생들이 직접 선거를 요구하는 시위를 벌였다. 정부의 진압에도 불구하고 민주화를 요구하는 시위는 전국적으로 확대되었다.

결국 정부는 국민의 요구를 받아들인다는 선언(6·29 민주화 선언•)을 발표하였다. 이에 따라 1987년 헌법 개정을 통해 국민의 직접 선거로 대통령을 선출하게 되었고 대통령의 임기는 7년에서 5년으로 줄어들었다.

• 6·29 민주화 선언

첫째, 대통령 직선제로 개헌하고 1988년 2월 평화적으로 정부를 이양한다.
둘째, 대통령 선거법을 개정하여 자유로운 출마와 경쟁을 공개적으로 보장한다.
다섯째, 언론 관련 제도와 관행을 개선하고 언론의 자율성을 최대한 보장한다.

알아두면 좋아요 5·18 민주화 운동을 기록한 여고생의 일기

5·18 민주화 운동 당시 광주여자고등학교에 다니던 주소연 학생은 광주에서 벌어진 군인들의 무자비한 시위 진압과 이에 맞서 시민들이 총을 들 수밖에 없었던 이유를 일기로 남겼다.
이 같은 생생한 일기를 포함하여 시민들이 작성한 선언문, 기자들의 취재 수첩, 시민들의 증언, 피해자들의 병원 치료 기록, 각종 사진 자료 등 5·18 민주화 운동과 관련된 많은 기록물이 그 가치를 인정받아 유네스코 세계 기록 유산에 등재되었다.

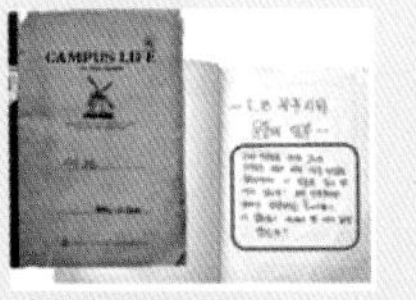

▲ 주소연 학생의 일기

'우리는 민주화를 하자는 것이다. 민주화를 위해 싸운 민주 인사(사람)를 구속시키다니 이 원통한 일이 어디 있는가? 소위 민주주의란 나라가 민주 인사를 죽이다니. 이 같은 일이 세계에 또 어디 있단 말인가?'라고 씌어 있다.

주요 내용정리

01 4·19 혁명과 유신 반대 운동은 어떻게 전개되었을까?

- 1960년 이승만 정부의 부정 선거에 맞서 (　　　　　)이 발생하였다.
- 1961년 박정희를 비롯한 일부 군인들이 무력으로 (　　　　　　　　)을 일으켜 정권을 차지하였다.
- 1972년 대통령의 권한을 크게 강화해 놓은 (　　　) 체제가 만들어졌지만, 1979년 박정희 대통령이 사망하면서 이 체제는 막을 내리게 되었다.

02 5·18 민주화 운동과 6월 민주 항쟁은 어떻게 전개되었을까?

- 1980년 5월 18일, 무장한 군인들이 광주의 민주화 시위를 진압하자 광주의 학생과 시민들은 이에 저항하였다. 그 과정에서 큰 희생이 있었는데 이를 (　　　　　　　　　　)이라고 한다.
- 1987년 6월 민주 항쟁의 결과 당시 정부는 시민과 학생의 요구를 받아들이는 (　　　　　　　　　　)을 발표하였다.

이야기 나누기

국민의 대표를 뽑는 헌법의 개정

1987년 6월 민주 항쟁의 결과 다음과 같이 헌법이 바뀌었다. 이 내용은 현재까지 이어지고 있다.

1980년 헌법	제39조 ① 대통령은 대통령 선거인단에서 무기명 투표로 선거한다. … 제45조 대통령의 임기는 7년으로 하며, 중임할 수 없다.
↓	
1987년 헌법 (현행 헌법)	제67조 ① 대통령은 국민의 보통·평등·직접·비밀선거에 의하여 선출한다. … 제70조 대통령의 임기는 5년으로 하며, 중임할 수 없다.

★ 헌법의 어떤 내용이 바뀌었는지 찾아보고 이러한 변화는 민주주의 발전에 어떤 영향을 줄 것으로 생각되는지 이야기해 봅시다. 또한 한국이 자신의 고향 나라에서 나라의 정치 지도자를 뽑는 방식과 어떤 점이 같고 다른지 이야기해 봅시다.

8 대한민국의 역사와 발전 사회 변동

생각해 봅시다

다음은 1983년과 2015년에 발표된 가족계획 포스터입니다.

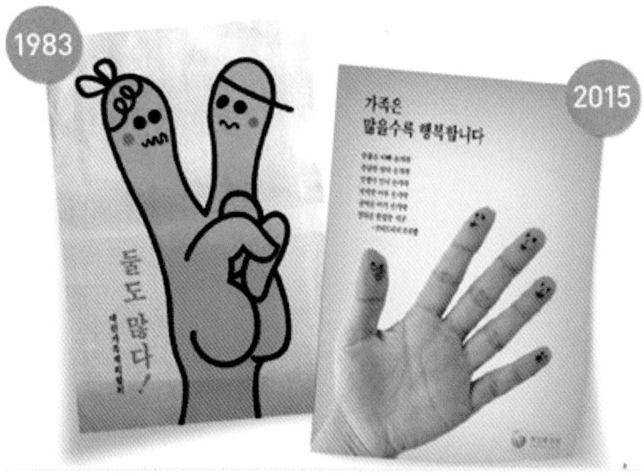

01 두 포스터는 각각 어떤 내용을 담고 있습니까?

02 가족계획 포스터의 내용이 바뀌게 된 이유는 무엇일까요?

학습목표

1. 한국의 저출산·고령화로 나타난 변화에 대해 말할 수 있다.
2. 다문화 사회로의 변화 양상과 발전 모습을 제시할 수 있다.

관련 단원 확인하기

영역		제목	관련 내용
기본	사회	7. 복지	외국인 대상 지원 서비스, 다문화 가족·외국인 지원 기관

01 저출산·고령화로 어떤 변화가 나타났을까?

저출산 현상

1960년대 시작된 산업화, 도시화가 빠르게 진행되는 동안 한국의 인구는 꾸준히 증가해 왔다(2023년 약 51,713,000명). 그러나 최근 한국 사회는 저출산•·고령화•라는 사회 변화를 겪으면서 앞으로 인구가 줄어들 가능성이 높아졌다.

1960년대에는 합계 출산율•이 6명을 넘을 정도로 자녀를 많이 낳았다. 국토는 넓지 않은데 인구가 빠르게 늘어나자, 1960년대~1980년대에는 자녀를 적게 낳자는 산아 제한 운동을 벌이기도 했다. 당시에는 “아들, 딸 구별 말고 둘만 낳아 잘 기르자.”, “둘도 많다!” 와 같은 가족 계획• 포스터가 유행하였다.

그러나 점차 여성이 사회 활동에 참여하는 비율이 높아지고, 젊은 세대에서는 자아실현을 위해 결혼을 늦추는 경우가 늘어났다. 또한 청년 실업이 늘고 자녀 교육비 부담이 커지면서 결혼이나 출산을 꺼리는 현상이 나타났다. 이러한 모습이 계속되면서 1970년에 4.53명이던 합계 출산율이 2023년에는 0.72명까지 떨어지게 되었다.

• **저출산**
아이를 적게 낳는 것

• **고령화**
전체 인구에서 노인 인구(만 65세 이상)가 차지하는 비율

• **합계 출산율**
여성 1명이 임신할 수 있는 기간(15세~49세) 동안 낳을 것으로 예상되는 평균 출생아 수를 나타낸 지표

• **가족 계획**
자녀의 수나 출산 간격에 대해 계획을 세우는 것

고령화 사회

현대 사회는 보건·의료 기술이 발달했고, 영양·위생 환경도 개선되는 등 생활수준이 전반적으로 높아지고 있다. 이와 함께 평균 기대 수명(83.6세, 2023년 기준)이 늘어나고 있고 한국 사회는 고령화도 빨라지고 있다.

이처럼 저출산과 함께 고령화가 지속되면 청년층의 인구는 줄고 노년층의 인구는 늘어나는 방향으로 인구의 구성이 바뀔 것이다. 또한 경제 활동에 참여할 수 있는 인구가 줄어들면서 경제 성장이 느려질 수 있다는 우려도 제기되고 있다. 다른 한편으로, 노인 인구가 많은 사회를 새로운 기회로 여기고 이에 적극 대비해야 할 필요도 있다.

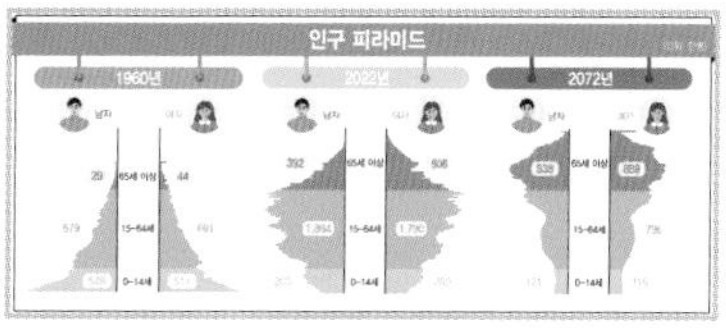

▲ 한국의 인구 구조 변화 (통계청, 장래인구추계 2022) 2022년 65세 이상 노인 인구는 전체 인구 중 약 17.4%에서 빠르게 증가하여 2072년 47.7%에 이를 전망이다.

▶ (UN, 통계청 2022년 기준) 한국의 고령인구 증가 속도는 세계 평균보다 매우 빠름을 알 수 있다.

알아두면 좋아요 외국인 계절 근로자 제도란 무엇일까?

“농사지을 사람을 구하기 너무 어렵다.”라는 농민들의 탄식은 더 이상 낯선 말이 아니다. 현재 우리나라 농가에서 직면하고 있는 현실이다. 이를 해결하기 위해 단기간 동안 외국인 근로자를 합법적으로 고용할 수 있는 외국인 계절 근로자 제도가 시행되고 있다.

2015년 도입된 이 제도는 농가들로부터 큰 호응을 얻고 있다. 한번 고용하면 일을 하지 않는 농한기에도 꼬박꼬박 월급을 줘야 하는 고용허가제(E-9 비자)와 달리 파종기·수확기처럼 필요한 기간에만 일손을 쓸 수 있다는 장점 때문이다. 또한 2023년 정부는 기존 5개월의 체류기간을 1회에 한해 3개월 범위 내에서 연장하여 최대 8개월 동안 취업을 허용하기로 하였다. 이처럼 외국인 계절 근로자 제도는 농번기 농가의 인력 수급에도 기여할뿐만 아니라 외국인 근로자에게도 짧게 나마 고용 안정이라는 긍정적인 면이 있다.

02 다문화 사회가 되면서 어떤 변화가 나타났을까?

▶ 등록외국인 거주지역별 현황 (법무부, 2023년 12월 기준)

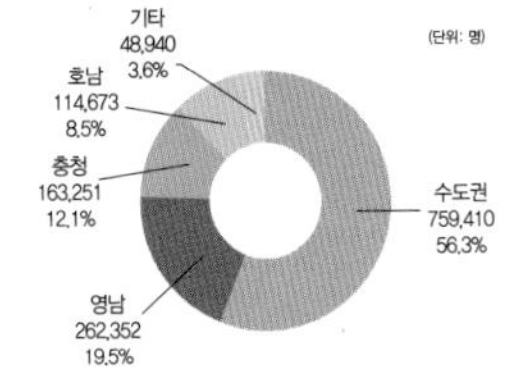

다문화 사회로 진입한 한국 사회

교통수단과 정보 통신 기술의 발달과 함께 확산된 세계화 현상은 서로 다른 문화권에 속한 사람들 간의 연결과 이동의 범위를 넓혀 놓았다. 이러한 흐름 속에서 외국인 근로자, 재외동포, 외국인 유학생 등이 증가하면서 빠르게 다문화 사회로 접어들고 있다.

2023년 기준으로 한국에 체류하는 외국 출신 인구는 약 251만 명이고 이 중 장기체류하는 인구는 약 188만 명(외국인 근로자 약 53만 명, 결혼 이민자 약 17만 명, 유학생 약 23만 명 등)이다. 국적별로는 중국, 베트남, 태국, 미국, 우즈베키스탄 순이다. 국적취득자 약 1.5만 명 등을 포함한 외국 출신 인구의 수와 비율은 매년 조금씩 늘어나고 있어서 2030년에는 한국에 체류하는 외국 출신 인구가 500만 명을 넘어설 것으로 예상되고 있다.

▶ 안산시 외국인주민지원본부

경기도에서 많은 외국인이 거주하는 지역 중의 하나인 안산시는 원곡동 일대를 다문화 특구로 지정하고 외국인을 위한 주민 센터를 설치하였다. 주민 센터는 마을에서 이루어지는 다양한 문화행사나 축제 정보 등을 제공하며 내·외국인이 더불어 사는 환경을 만들기 위해 노력하고 있다.

다문화 사회를 대하는 자세

다문화 사회로 진입하면서 한국 사회에는 여러 변화들이 나타났다. 초기에는 국내 산업 현장의 외국인 근로자 유입이 대부분이었지만, 최근에는 다양한 목적으로 한국에 입국하는 외국인의 숫자가 늘어나고 있다. 국내 거주 외국인 중 일부는 집단 거주지를 형성하기도 하였다. 그러나 일부 외국인 근로자나 결혼 이주민, 다문화 가정의 자녀들은 문화적 차이와 의사소통의 어려움, 사회적 편견 등으로 한국 사회에 적응하는 데 어려움을 겪기도 했다.

다문화 사회로 인한 문제나 갈등을 해결하기 위해서는 서로 다른 문화를 이해하고 존중하는 자세가 필요하다. 그리고 다양한 문화적 배경을 가진 사람들과 지속적으로 교류하고 소통하는 노력도 필요하다. 이와 함께 다문화적 배경을 가진 사람들의 건강, 교육, 환경 등 인권 보호를 위한 법과 제도가 마련되고 실행될 수 있도록 해야 한다.

알아두면 좋아요 당구 여신으로 평가받는 캄보디아댁, 스롱 피아비 선수

"한국으로 시집와 인생이 바뀌었어요. 처음에는 한국 생활이 힘들었는데 당구를 알고부터 재미있고 행복합니다. 세계 최고의 선수가 되어 상금으로 캄보디아에 스포츠 전문학교를 설립하고 싶어요."

피아비는 21살이던 2010년 5월, 충북 청주에서 인쇄소를 운영하던 한국인 남편 김○○씨와 결혼했다. 결혼 이듬해 남편을 따라 당구장에 가서 처음 당구를 알게 되었다. 이후 아내의 당구 재능을 눈여겨 본 남편의 권유로 피아비는 본격적으로 당구 선수의 길에 들어섰고 혹독한 연습 끝에 2018년 아시아 여자 스리쿠션 당구 대회에서 우승을 거두었다.

▲ 캄보디아 출신의 피아비 선수

주요 내용정리

01 저출산·고령화로 어떤 변화가 나타났을까?

- 최근 한국 사회는 저출산·고령화라는 사회 변화를 겪으면서 앞으로 인구가 (줄어들, 늘어날) 가능성이 높아졌다.
- 여성의 경제 활동 참여 증가, 청년 실업 증가, 자녀 교육비 부담 증가 등의 현상이 이어지면서 1970년에 4.53명이던 (   )이 2023년에는 0.72명으로 떨어졌다.
- 보건·의료 기술의 발달 등 생활수준이 전반적으로 높아지면서 평균 기대 수명이 늘어나고 있고 한국 사회의 (   )도 빨라지고 있다.

02 다문화 사회가 되면서 어떤 변화가 나타났을까?

- 외국인 근로자, 국제결혼 이주민, 북한 이탈 주민 등이 증가하면서 한국도 빠르게 (   )로 접어들었다.
- 국제결혼을 통해 한국에 온 사람들은 한국 사회에 활기와 다양성을 불어 넣었다. 한국에서 일하는 (   )는 일부 산업 분야에서 나타난 노동력 부족 현상을 해결하는 데 큰 도움을 주었다.

이야기 나누기

가보자! 세계인의 날 기념행사 및 다문화축제

한국은 2007년에 5월 20일을 '세계인의 날'이라는 국가기념일로 지정하였다. 이를 통해 한국 사람들과 한국에 거주하고 있는 외국인들이 차별이 아닌 서로의 문화와 전통을 존중하고, 더불어 사는 사회를 만들고자 하였다. 이후 매년 5월 20일부터 일주일 동안 지역별·자치구별로 다채로운 다문화 행사가 열리고 있다. '세계인의 날' 행사에는 다양한 볼거리와 소통의 장이 마련되고 있다. 글로벌 포토존이 설치되어 본국을 그리워하는 외국인과 해외여행을 꿈꾸는 한국인에게 흥미와 재미를 주고 있으며, 수십 개의 체험 부스에서 아시아 전통 음식과 전통의상을 체험해 볼 수 있다. 그 밖에도 응급처치, 미아 방지, 건강 안전 홍보, 일자리 상담, 출입국 상담 등 유관기관에서도 홍보 부스를 운영해 지역 주민 및 외국인 주민들을 위해 다양한 정보를 제공하고 있다.

▲ 2023년 경기도 시흥에서 열린 '세계인의 날' 행사 포스터

★ '세계인의 날' 행사에 참여한 경험이 있는지 말해 봅시다. 만약 본인이 참여하게 된다면 어떤 내용과 방법으로 자신의 고향 나라 문화를 알리고 싶은지 이야기해 봅시다.

대단원 정리

1. 한국 현대사의 주요 흐름

1945. 8. 15.	광복
1945. 12.	모스크바 3국 외상 회의
1946	제1차 미 · 소 공동 위원회 개최
1947	제2차 미 · 소 공동 위원회 개최
1948. 4.	남북 협상
1948. 5. 10.	5 · 10 총선거
1948. 8. 15.	대한민국 정부 수립
1950. 6. 25.	6 · 25 전쟁 발발
1953. 7.	정전 협정 체결
1960. 3. 15.	3 · 15 부정 선거
1960. 4. 19.	4 · 19 혁명
1961. 5. 16.	5 · 16 군사 정변
1963	박정희 정부 수립
1972	유신 체제 성립
1979	10 · 26 사태
1980. 5. 18.	5 · 18 민주화 운동
1987	6월 민주 항쟁

2. 남북한의 통일 노력으로 알맞은 내용을 선으로 연결해 보세요.

(가) 7 · 4 남북 공동 성명(1972) ·
↓
(나) 남북 기본 합의서(1991) ·
↓
(다) 6 · 15 남북 공동 선언(2000) ·
↓
(라) 10 · 4 남북 공동 선언(2007) ·
↓
(마) 4 · 27 판문점 선언(2018) ·

· ㉠ 제1차 남북 정상 회담
· ㉡ 제2차 남북 정상 회담
· ㉢ 문재인 대통령과 김정은 국무 위원장의 남북 정상 회담
· ㉣ 자주, 평화, 민족 대단결의 3대 통일 원칙에 합의함
· ㉤ 서로의 체제를 인정하고, 서로 침략하지 않겠다는 약속을 함

단원 종합 평가

01 다음 상황이 나타난 배경으로 옳은 것은?

▶ 즉시 독립을 하기 위해 신탁 통치를 반대하는 사람들의 집회 모습

▶ 민주적인 임시 정부를 빨리 수립한 후 신탁 통치 기간을 줄이자고 주장하는 사람들의 집회 모습

① 6·25 전쟁이 일어났다.
② 대한민국 정부가 수립되었다.
③ 모스크바 3국 외상 회의가 개최되었다.
④ 유엔에서 남한 지역에 총선거 실시를 결정하였다.

02 밑줄 친 '그'에 해당하는 인물로 옳은 것은?

독립운동가이자 대한민국 임시 정부의 지도자였던 그는 한반도가 남과 북으로 나뉘게 될 것을 염려하여 '3천만 동포에게 읍고함'이라는 글을 통해 남한에만 단독 정부가 세워지는 것을 반대하였다. 남한에서만 총선거가 실시되는 것을 막고 통일 정부 수립을 의논하기 위해 북한의 정치인들과 의논하였다.

① 김구　② 장면　③ 박정희　④ 이승만

03 (가)에 해당하는 민주화 운동을 옳은 것은?

초대 대통령 이승만은 무리한 방법으로 헌법을 바꾸는 등 오랫동안 권력을 유지하고자 하였다. 특히 1960년에는 대대적인 부정 선거를 저질렀다(3·15 부정 선거). 이에 시민과 학생들이 전국적인 항의 시위를 벌였는데, 이를 [(가)] (이)라고 한다.

① 4·19 혁명　② 6월 민주 항쟁　③ 5·18 민주화 운동　④ 유신 체제 반대 운동

04 한국의 저출산·고령화 관련 변화에 대한 설명으로 옳은 것은?

① 고령화가 지속되면 청장년층의 인구가 늘어날 것이다.
② 합계출산율이 낮기는 하지만 1명대를 계속 유지하고 있다.
③ 여성의 사회 활동 참여 비율이 높아지면서 출산율이 회복되고 있다.
④ 의료 기술 발달, 영양 상태 개선 등으로 평균 기대 수명이 늘어나고 있다.

6 · 25 전쟁의 전개

소련의 도움을 받은 북한은 기습적인 남침을 하였다.
국군은 북한군의 공격에 맞섰지만, 3일 만에 서울을 빼앗겼다.

▲ 남침 후 서울을 점령하는 북한군

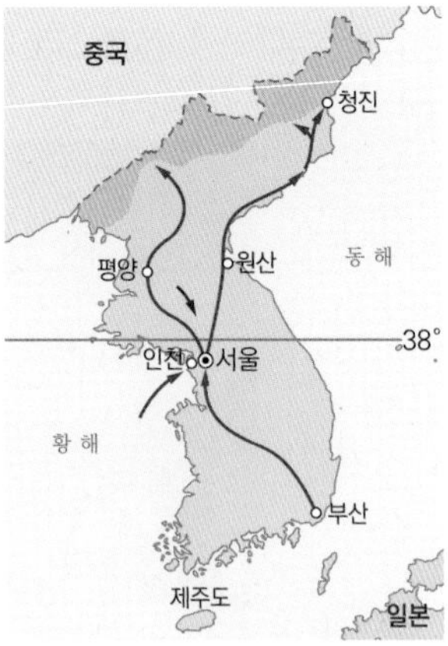

국군과 유엔군은 인천 상륙 작전 이후 서울을 다시 되찾고,
압록강까지 진출하였다.

▲ 인천 상륙 작전을 펼치는 국군과 유엔군

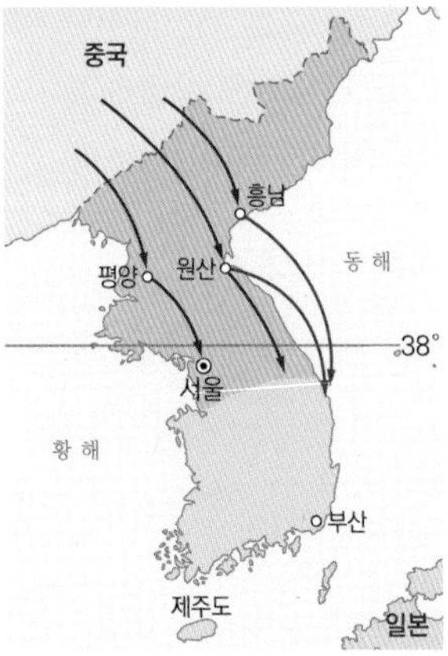

중국군의 공격을 받은 국군과 유엔군은 흥남 철수 등을 통해
38도선 이남으로 후퇴하였으며, 서울을 다시 빼앗겼다.

▲ 북한군을 돕기 위해 압록강을 건너오는 중국군

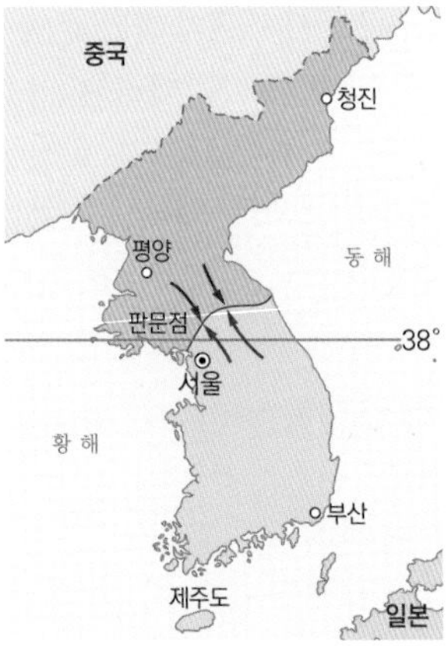

2년여 년 동안 이어진 정전 협상의 결과
정전 협정을 체결하였다.

▲ 정전 협정 체결 모습

남북한의 통일 노력

〈1972년〉

7 · 4 남북 공동 성명 발표
남한과 북한은 자주, 평화, 민족 대단결의 3대 통일 원칙에 합의함

〈2000년〉

제1차 남북 정상 회담
6 · 15 남북 공동 선언을 발표함

〈2007년〉

제2차 남북 정상 회담
6 · 15 남북 공동 선언을 계속 이어가기로 함

〈2018년〉

판문점 선언을 하는 남북의 두 정상
남한과 북한은 공동 번영과 자주 통일을 위해 노력하기로 함

한국의 민주화 운동

'3 · 15 선거는 불법이다. 무효다', '부정 선거 다시 하라'라고 쓰여 있는 플래카드를 들고 시위를 하는 시민들(1960년)

'비상계엄 해제하라'라고 쓴 플래카드를 들고 시위하는 학생들(1980년)

'직선제로 민주 정부'라고 쓴 깃발을 들고 시위하는 시민과 학생들(1987년)

제 3 편

대한민국의 정치와 외교

9 대한민국의 정치와 외교

정치 과정과 시민 참여

생각해 봅시다

다음 사진은 시민들의 다양한 일상생활 모습입니다.

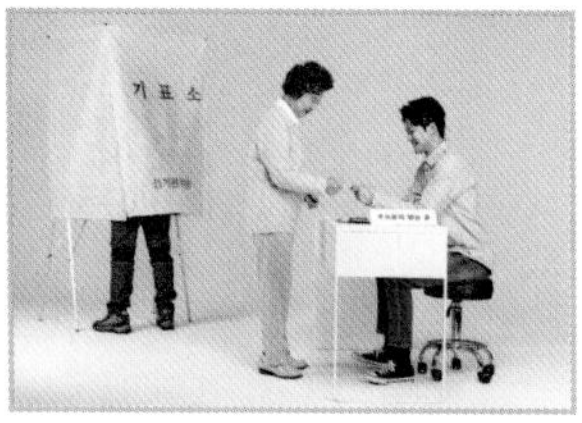

01 한국이나 자신의 고향 나라에서 사진과 같은 상황을 직접 경험하거나 본 적이 있나요? 어떤 느낌이 들었나요?

02 이 사진 중 정치와 관련 없는 사진은 무엇일까요?

학습목표

1. 정치 과정과 정치 참여의 중요성을 설명할 수 있다.
2. 다양한 정치 참여 방법을 제시할 수 있다.

관련 단원 확인하기

영역		제목	관련 내용
기본	정치	24. 선거와 지방 자치	선거
심화	정치	10. 선거와 정당	선거, 정당

01 사람들의 다양한 이익은 어떻게 정치에 반영될까?

정치 과정

민주주의 국가에서 개인이나 집단은 각자 다양한 이익을 추구한다. 그리고 자신에게 유리한 정책•이 만들어지도록 노력한다. 정책을 만드는 사람들은 그와 같은 다양한 요구를 반영해서 정책을 결정한다. 이렇게 만들어진 정책은 시행 과정에서 또다시 많은 개인과 집단의 의견에 따라 수정·보완되기도 한다. 이처럼 개인이나 집단의 요구를 반영하여 정책을 만드는 과정을 정치 과정이라고 한다. 국가의 정책은 우리의 일상생활에 많은 영향을 미치므로 어떤 정책이 어떻게 만들어지는지에 대해 늘 관심을 가져야 한다.

• **정책**
정치적 목적을 실현하기 위한 방책

정치 참여의 의미

과거에는 정치 과정에서 입법부, 행정부 등 국가 기관의 비중이 큰 편이었다. 그러나 오늘날에는 정당•, 시민단체, 이익집단, 언론• 등의 역할이 점점 커지고 있다. 민주 국가의 국민은 선거는 물론 집회, 서명 등 다양한 방법으로 정책 결정이나 사회적 쟁점 해결 과정에 영향을 미치는데, 이러한 모든 행동을 가리켜 정치 참여라고 한다.

• **정당**
정치적인 생각이나 주장이 같은 사람들이 모인 단체

• **언론**
말이나 글로 어떤 사실이나 자신의 생각을 표현하는 일 또는 그러한 일을 하는 기관

정치 참여의 중요성

정치 참여는 국민이 나라의 주인임을 증명하는 것으로서 민주 정치 발전에서 매우 중요하다. 국민이 정치에 적극적으로 참여할 때 국민주권•과 국민자치•가 실현된다.

또한, 정치 참여를 통해 국민의 이익을 증진할 수 있다. 국민이 정치에 무관심하면 몇몇 개인이나 집단만이 정부 정책에 영향을 주게 되고 결국 국민의 뜻에 맞지 않는 정책이 만들어질 수도 있다.

▲ 장애인의 정치 참여 보장을 위한 시위
(사진 출처: 〈연합뉴스〉)

• **국민주권**
국가의 일을 결정하는 최고 권력인 주권이 국민에게 있는 것

• **국민자치**
주권을 가진 국민이 스스로 나라를 다스려야 한다는 것

알아두면 좋아요 정치 과정은 어떻게 이루어질까?

민주 사회의 정치 과정에서는 개인이나 집단이 제기하는 다양한 요구와 지지가 정당이나 언론 등을 통해 수렴·조정된다. 국회나 정부 등의 국가 기관에서는 여론을 바탕으로 정책을 결정하고 이를 정부가 집행하며, 정책이 집행되는 과정에서 국민의 평가를 받게 된다. 이후 정책에 관해 문제점을 발견하거나, 국민의 새로운 요구를 정책에 반영하는데, 이를 환류라고 한다.

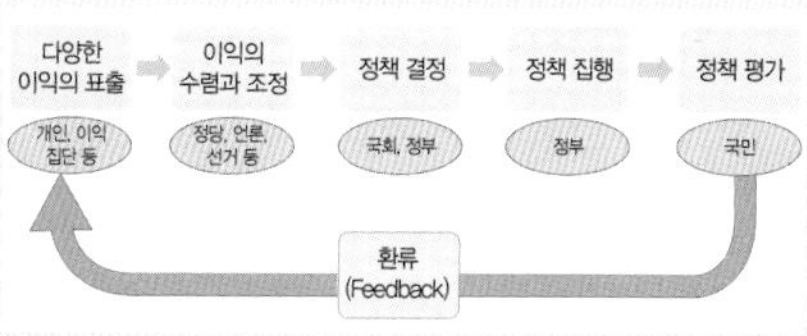

▲ 정치 과정의 단계

02 정치에 참여하는 방법에는 어떤 것이 있을까?

선거와 투표

정치 참여 방법 중에서 가장 기본적인 것은 선거•와 투표•이다. 국민은 선거에 참여하며 대표자를 뽑고 정치적 결정에 영향을 미친다. 또한, 국가의 중요한 정책을 결정하는 국민투표에 참여하여 자신의 의사를 나타낼 수 있다. 특히 한국에서 헌법을 개정할 때는 국민투표를 통해 반드시 국민의 동의를 받도록 하고 있다.

• **선거**
투표를 통해 대표자를 뽑음

• **투표**
선거를 하거나 어떤 일을 결정할 때 정해진 용지에 의견을 표시하여 내는 일

단체나 조직 활용

어떤 단체나 조직을 활용하여 정치에 참여할 수도 있다. 예를 들어, 자신이 지지하는 정당이나 시민단체, 이익집단에 가입하여 활동하거나 그 단체를 지지하는 방법으로 참여할 수 있다. 이러한 단체들은 시민의 의견 수렴, 토론회 개최, 국회의원의 활동 감시, 정책에 대한 의견 제시, 캠페인이나 집회• 등 다양한 활동을 이끈다.

구분	시민단체	이익집단
활동 목적	공익 추구	자기 집단의 특수한 이익 실현
활동 영역	사회 전반의 다양한 문제	자기 집단과 관련한 특수한 문제
예	환경단체, 소비자단체 등	의사협회, 노동조합 등
공통점	정치 과정에 영향력 행사	

▲ 시민단체와 이익집단 비교

• **집회**
여러 사람이 특정한 목적을 위해 일시적으로 모이는 일

• **시위**
많은 사람들이 요구 조건을 내걸고 집회나 행진을 하며 의사를 표시하는 행동

개인적 참여

개인적으로 정부 정책에 대한 지지나 비판 의견을 언론을 통해 표현할 수도 있다. 그리고 집회, 시위• 등에 참가하여 자신의 의사를 나타내는 방법도 있다. 또한, 국가 기관에 진정•이나 청원•을 하여 정치에 참여하는 것도 가능하다.

• **진정**
어떤 사정을 진술함

• **청원**
일이 이루어지도록 청하고 원함

바람직한 정치 참여 태도

정치 참여가 민주주의의 발전으로 이어지기 위해서는 참여하는 사람 스스로 주인 의식과 자발적•인 태도를 가져야 한다. 그리고 정치 과정에 관심을 갖고 자신의 의견을 올바른 방법으로 반영시키기 위해 노력해야 한다. 다른 사람의 입장과 의견도 존중하고 공동의 이익을 생각하는 시각도 필요하다.

• **자발적**
남이 시켜서 하는 것이 아닌 자기 스스로 행하는 상태

알아두면 좋아요 외국인을 위한 이익집단, 시민단체도 있어요.

2020년 정부와 지자체에서는 코로나19 사태로 인해 힘들어하는 사람들을 지원하고 침체되는 소비를 활성화하기 위해 긴급재난지원금 정책을 펼쳤다. 하지만 이 정책에서 다수의 이주민과 이주근로자들이 배제되었다. 이주민 단체와 인권 단체들이 이주민도 재난지원금 지급 대상이 되어야 한다는 목소리를 냈고, 몇몇 지자체에서는 이주민 대상 긴급재난지원금을 지급했다.

*이미지 출처: 빅이슈코리아(https://www.bigissue.kr/magazine/new/259/982)

주요 내용정리

01 사람들의 다양한 이익은 어떻게 정치에 반영될까?

- 개인이나 집단의 요구를 반영하여 정책을 만드는 과정을 (   )이라고 한다.
- 민주 국가에서 국민은 선거, 집회, 서명 등 다양한 방법으로 정책 결정이나 사회적 쟁점 해결 과정에 영향을 미치는데, 이러한 모든 행동을 (   )라고 한다.
- 정치 참여는 국민이 나라의 (   )임을 증명하는 것으로 국민의 이익을 증진하는 데 꼭 필요하다.

02 정치에 참여하는 방법에는 어떤 것이 있을까?

- 국민의 정치 참여 방법 중 가장 기본적인 것은 (   )와 (   )이다.
- 자신이 지지하는 정당이나 시민단체, 이익집단에 가입하여 활동하거나 그 단체를 지지하는 방법으로 정치에 참여하는 것도 가능하다. 이 중 (   )는 공익을 추구하며 사회 전반의 문제 개선을 위해 활동하는 단체이다.
- (   )은 자기 집단의 특수한 이익을 실현하기 위해 그 집단과 관련한 특수한 문제에 대해 주로 활동하는 단체이다.

이야기 나누기

“시장 후보? 몰라요” 선거 무관심 심각

지방선거가 다가오는 가운데 유권자의 선거 무관심이 심각한 것으로 나타났다. 20~30대의 젊은 층은 시장 후보 이름조차도 모를 정도로 지방선거에 무관심하다. 한 대학생은 “지방선거가 6월인 것은 아는데 정확한 날짜는 모른다. 누가 시장이 되더라도 내가 사는 지역이 변화될 게 없다는 생각”이라며 정치 혐오감을 드러냈다.

40~60대의 중장년층은 젊은 층에 비해서는 선거에 대한 관심과 정보를 가지고 있지만 침체된 경기와 민생 문제로 정치 혐오감을 보이고 있다.

[출처] 국제신문(2018. 05. 29)

★ 시민들이 정치에 무관심하면 어떤 일이 일어날지 이야기해 봅시다.

10 선거와 정당

대한민국의 정치와 외교

생각해 봅시다

다음 사진은 선거 기간에 유세를 하는 사람들의 모습입니다.

01 한국에서 사진과 같은 모습을 본 적이 있나요? 어떤 느낌이 들었습니까?

02 자신의 고향 나라에서 선거에 참여해 본 적 있나요? 자신의 고향 나라의 선거는 한국과 어떤 차이가 있습니까?

학습목표

1. 공정한 선거를 위한 기관과 제도에 대해 설명할 수 있다.
2. 정당의 의미와 역할을 설명할 수 있다.

관련 단원 확인하기

영역		제목	관련 내용
기본	정치	24. 선거와 지방 자치	선거
심화	정치	9. 정치 과정과 시민 참여	선거

01 공정한 선거를 위한 기관과 제도에는 무엇이 있을까?

선거의 중요성과 기능

인구가 많고 복잡한 현대 사회에서 모든 국민이 한자리에 모여 결정을 내리기는 어렵다. 그래서 대부분의 민주 국가에서는 대표자를 뽑아 그에게 나라의 일을 맡기는 대의• 민주주의를 채택하고 있다. 대의 민주주의를 실현하는 대표적인 방법이 선거이다.

▲ 공명선거• 포스터

선거의 기능은 다음과 같다. 첫째, 공식적으로 대표자를 결정한다. 선출된 대표자는 권력의 정당성을 가진다. 둘째, 대표자의 권력을 통제한다. 대표자로서 역할을 잘하지 못하면 다음 선거에서 뽑히기 어렵다. 셋째, 국민의 이익을 실현한다. 후보자나 정당은 선거에서 국민의 지지를 얻기 위해 국민의 뜻을 반영한 공약•을 만든다.

• **대의**
다른 사람을 대신하여 의논하는 것

• **공약**
다수의 사람을 상대로 한 공적인 약속

• **공명선거**
부정이 없이 떳떳하게 치르는 선거

공정한 선거를 위한 기관과 제도

선거관리위원회는 선거와 국민투표를 관리하는 중립적인 국가 기관이다. 특정 정당이나 개인의 편에 서지 않은 채 선거 운동, 투표, 개표• 등을 관리한다. 누군가가 선거법을 위반하는 행위를 하면 이를 단속하고 선거 관련 정보 제공, 투표 참여 홍보 등도 담당한다.

공정한 선거를 위한 제도로는 선거 공영제가 있다. 이것은 선거관리위원회가 선거 과정을 관리하고 국가나 지방 자치단체가 선거 비용의 일부를 지원하는 제도이다. 선거에서 15% 이상 득표한 후보는 선거 비용 전부를, 10% 이상 15% 미만 득표한 후보는 선거 비용의 절반을 돌려받을 수 있다. 10% 미만으로 득표한 후보는 비용을 돌려받지 못한다. 이를 통해 선거 운동이 지나친 경쟁이나 갈등으로 이어지지 않도록 하고 누구에게나 선거 운동의 기회를 균등•하게 보장할 수 있다.

• **개표**
투표함을 열고 투표의 결과를 검사함

• **균등**
고르고 가지런하여 차별이 없음

알아두면 좋아요 이렇게 하면 선거법 위반입니다.

주변에서 선거와 관련한 금품, 음식물을 제공하거나 비방, 선심관광 또는 공무원의 선거개입행위 등 선거법위반행위를 발견할 때에는 가까운 선거관리위원회로 신고할 수 있다. 선거관리위원회에서는 법이 지켜지는 가운데 깨끗한 선거가 치러지도록 하기 위해서 선거법위반행위를 신고, 제보한 사람에게는 최고 5억 원까지 포상금을 지급한다.

[출처] 중앙선거관리위원회(www.nec.go.kr)

02 정당은 어떤 일을 할까?

정당의 의미와 종류

정당은 정치적 견해가 비슷한 사람들이 모여서 만든 집단으로 선거를 통해 정권•을 얻는 것을 목적으로 한다. 정당은 선거에서 이기기 위해 각종 공약과 정책을 개발하고 다른 정당과 경쟁한다. 민주 국가에서 선거는 주로 정당에 소속된 후보자를 중심으로 이루어진다. 실제로 대통령이나 대부분의 국회 의원은 각기 어떤 정당에 소속되어 있다.

한국에서는 정권을 잡고 있는 정당을 여당•이라고 부른다. 한국은 대통령제 국가이므로 대통령이 소속되어 있는 정당이 곧 여당이다. 여당 이외의 모든 정당은 야당•이라고 부른다. 야당은 여당을 견제하고 다음 선거에서 정권을 얻기 위해 노력한다. 제1야당은 야당 중에서 의회 의석수가 가장 많은 정당을 가리킨다.

한편, 한국 정치에서는 '여대야소' 또는 '여소야대'라는 말을 많이 쓴다. 여대야소는 대통령 중심제에서 여당 국회 의원 수가 야당 국회 의원 수의 총합보다 많은 상황을 가리킨다. 여소야대는 그 반대의 경우를 가리킨다.

• **정권**
정치를 담당하는 권력

• **여당**
'여'는 '함께'라는 의미로 행정부와 함께 활동하는 정당이라는 뜻

• **야당**
'야'는 들판을 가리키는 말로 행정부와 함께 하지 못하는 정당을 비유적으로 표현한 것

정당의 역할

현대 민주주의 국가는 정당 정치를 추구한다. 정당은 정치적 주장을 통해 국민의 이익을 대변하고 국민은 투표를 통해 정당을 지지한다. 반대로 정당이 정치를 제대로 하지 못하면 국민의 지지를 잃어 사라지기도 하고 당 이름을 바꾸기도 한다.

▲ 정당의 역할(정책 홍보, 국민의 의견 청취)

한국은 헌법을 통해 복수 정당제•를 보장하고 있다. 이는 두 개 이상의 정당이 정치 활동을 할 수 있도록 하는 것이다. 하나의 정당만이 존재한다면 국민의 다양한 의견이 정책에 반영되기 어렵고 특정 세력이 정치권력을 독점•할 위험이 있다. 민주 정치 실현을 위해서는 복수 정당제가 필요하다.

• **복수 정당제**
두 개 이상의 정당 활동을 보장하는 제도. 두 개 이상의 정당을 두어 서로 견제하는 민주적 정치 운영 원칙

• **독점**
혼자서 모두 차지함

알아두면 좋아요 정권 교체: 여당이 야당 되고, 야당이 여당 된다.

1997년에 치러진 대통령 선거는 오랜 야당 지도자였던 김대중 후보의 당선으로 대한민국 헌정 역사에서 처음으로 선거를 통해 야당이 집권하였다. 이후 2007년에는 야당 새누리당 이명박 후보의 당선으로 정권이 교체되었고, 2017년에는 새누리당을 계승한 자유한국당에서 야당이었던 더불어민주당 문재인 후보의 당선으로 정권이 교체되었다. 2022년에는 야당인 국민의힘 윤석열 후보의 당선으로 다시 정권이 교체되었다.

	당시 여당	당시 야당	대통령 당선자	정권교체
15대 대선(1997년)	신한국당	새정치 국민회의	김대중 대통령(새정치 국민회의)	여당 야당
17대 대선(2007년)	대통합 민주신당	새누리당	이명박 대통령(새누리당)	야당 여당
19대 대선(2017년)	자유한국당	더불어민주당	문재인 대통령(더불어민주당)	여당 야당
20대 대선(2022년)	더불어민주당	국민의힘	윤석열 대통령(국민의힘)	야당 여당

주요 내용정리

01 공정한 선거를 위한 기관과 제도에는 무엇이 있을까?

- 대부분의 민주 국가에서는 대표자를 뽑아 그에게 나라의 일을 맡기는 (　　　) 민주주의를 채택하고 있다. 이를 실현하는 대표적인 방법이 (　　　)이다.
- (　　　　　　　　)는 선거와 국민투표를 관리하는 중립적인 국가 기관이다.
- 중립적인 국가 기관이 선거를 관리하고, 후보자가 사용한 선거 비용의 일부를 국가나 지방자치 단체가 지원해 주도록 한 제도를 (　　　　　　)라고 한다.

02 정당은 어떤 일을 할까?

- (　　　)이란 정치적 견해가 비슷한 사람들이 모여서 만든 집단으로 선거를 통해 정권을 얻는 것을 목적으로 한다.
- 대통령제 국가인 한국에서는 대통령이 소속되어 있어서 정권을 잡고 있는 정당을 (　　　)이라고 하고, 그 외의 정당은 (　　　)이라고 부른다.
- 민주 정치 실현을 위해서는 두 개 이상의 정당이 정치 활동을 하도록 보장하는 (　　　　　　)가 필요하다.

이야기 나누기

펭수, 선관위 얼굴로 뽑혀...'18세 유권자 투표 독려'

EBS 캐릭터에서 국민 스타로 떠오른 펭수가 4·15 총선을 앞두고 '교복 입은 유권자'의 선거 참여를 끌어내기 위해 중앙선거관리위원회의 얼굴로 뽑혔다.
대중에게 인지도가 높은 펭수를 통해 총선 투표를 독려하고 학교 안 선거 주의사항 등을 효과적으로 전달하겠다는 취지다.

[출처] 연합뉴스(2020.02.04.)

▲ 유튜브 채널 EBS '자이언트 펭TV'의 캐릭터 펭수(사진 출처: 〈연합뉴스〉)

★ 연예인이나 운동선수 등과 같이 유명한 사람들이 선거 참여를 홍보하는 것은 투표율을 올리는 데 도움이 될 수 있을지 이야기해 봅시다. 자신의 고향 나라의 선거 제도나 문화를 한국의 경우와 비교해서 말해 봅시다.

11 대한민국의 정치와 외교 외교와 국제 관계

생각해 봅시다

다음은 세계 지도입니다.

01 자신의 고향 나라와 한국의 위치를 지도에 표시해 봅시다. 한국과의 거리는 어느 정도나 될까요?

02 자신의 고향 나라와 한국의 관계는 어떻게 변화해 왔습니까?

학습목표

1. 국제사회와 교류하는 한국의 역할을 이해할 수 있다.
2. 한국과 주변과의 국제 관계를 설명할 수 있다.

관련 단원 확인하기

영역		제목	관련 내용
기본	경제	26. 경제 성장	교류, 무역 강국
심화	경제	16. 국민경제와 국제경제	무역, FTA, 국제적 기여

01 국제 사회에서 한국은 어떤 역할을 할까?

국제 사회와 외교

세계화•의 영향으로 국제 사회와의 협력과 교류, 외교의 중요성이 더욱 커지고 있다. 외교란 한 국가가 자기 나라의 이익을 달성하기 위해 국제 사회에서 펼치는 평화적인 대외 활동을 말한다. 국가의 최고 지도자끼리 만나 교류하는 것을 정상외교라고 한다. 국가의 최고 지도자 간 외교 활동인 만큼, 경제 교류, 안보, 평화 정착 등과 같이 중요한 문제에 대해 합의를 이끌어 내기도 한다. 이 외에도 스포츠, 문화, 기업 등을 통한 외교도 있다.

• **세계화**
생활의 영역과 수준이 한 국가를 넘어 전 세계적 수준으로 확장되는 현상

해외로 진출하는 한국

한국의 많은 기업이 해외에 진출하여 투자하거나 현지에서 물건을 생산하기도 한다. 2022년 한 해 동안 한국이 해외에 직접 투자한 금액은 770억 달러를 넘는다. 특히 미국, 중국, 동남아시아 지역에 대한 투자가 많은 편이다.

한편, 한국의 국군은 해외의 분쟁 지역에서 평화유지군• 활동에 참여하고 있다. 과거 6.25 전쟁 당시 유엔(UN)군의 도움을 받았던 것처럼, 지금은 한국 국군이 해외에서 국가 재건, 건설 지원, 의료 지원 등의 활동을 펼치면서 도움을 주고 있다. 남수단, 레바논, 소말리아, 아랍에미리트 등이 그 예이다.

▲ 한빛부대의 '남수단 재건 작전'
(사진 출처: 〈연합뉴스〉)

• **평화유지군(PKO)**
해외 국가의 평화와 재건을 위해 각국에서 파견된 유엔소속의 군대

국제기구에서 활약하는 한국인

오늘날 환경, 전염병 등과 같은 문제는 한 국가의 힘만으로 해결하기 어렵다. 따라서 국제연합(UN)과 같은 단체를 만들어 세계 여러 나라가 서로 협력하고 있다. 반기문•은 아시아인 최초로 유엔 사무총장으로 일했다. 이 외에도 세계보건기구(WHO) 사무총장이었던 이종욱, 세계은행(World Bank) 총재로 일했던 김용, 인터폴(INTERPOL) 총재 김종양, 기후변화 정부 간 협의체(IPCC) 의장 이회성 등은 다양한 국제기구를 대표하거나 중요한 임무를 수행해 오고 있다.

• **반기문**
제8대 UN 사무총장으로 기후변화, 핵확산 방지 등을 안정적으로 수행했다는 평가를 받았다.

(사진 출처: 〈연합뉴스〉)

알아두면 좋아요 세계 5대 스포츠대회를 모두 개최한 한국

한국은 주요 국제 스포츠 대회를 모두 개최하였다. 1988년 서울 올림픽(여름)을 시작으로 2002년 월드컵 축구 대회, 2011년 대구 세계 육상 선수권 대회, 2018년 평창 올림픽(겨울), 2019년 광주 세계 수영 선수권 대회 등이 열렸다. 한국은 독일, 일본, 이탈리아에 이어 세계 5대 스포츠를 모두 개최한 4번째 나라가 되었다. 대규모 국제 행사를 치르면서 한국을 세계에 알림과 동시에 다양한 국가와의 교류를 넓히고 있다.

02 한국은 주변 국가와 어떤 관계를 맺고 있을까?

한국과 외교 관계를 맺고 교류하는 나라가 늘어나고 있는데, 특히 아시아 국가와 서방 국가• 와의 교류가 활발하다.

• **서방 국가**
서쪽 방향에 있는 국가 (유럽, 아메리카 지역)

▶ 평화의 소녀상
일본군 '위안부'를 기억하기 위해 만든 동상

(사진 출처: 〈연합뉴스〉)

중국

중국은 오래전에 유교, 불교, 한자 등을 한국에 전해 주었고 문화적·경제적으로 밀접한 관계를 유지해 오고 있다. 6·25 전쟁 당시 중국이 북한을 지원하는 등 과거에는 한국과 중국 사이의 갈등도 있었지만, 1992년 이후 외교 관계가 정상화되었다. 오늘날 중국은 한국의 중요한 무역 상대이면서 남북관계 개선에서도 중요한 역할을 하고 있다.

일본

일본은 과거에 35년간 한국을 식민 지배했던 국가이지만, 오늘날 두 나라는 경제적·문화적으로 활발하게 교류하며 함께 발전해 가고 있다. 식민지 시절에 한국 여성을 강제로 전쟁에 끌고 갔던 일본군 '위안부' 문제 등의 역사가 남아 있어 이를 해결하기 위해 노력하고 있다.

▲ 아세안 10개국

ASEAN(아세안, 동남아시아국가연합)

베트남, 필리핀, 태국 등 아세안 국가들은 인구가 많고 성장 속도가 매우 빠르다. 2019년 11월에는 한국과 아세안 사이의 특별 정상 회의를 부산에서 개최하였다. 한국 정부는 아세안 국가와의 관계를 중시하여 정치·안보, 경제, 사회, 문화 등의 지속적인 협력을 위해 노력하고 있다. 아세안은 특히 한류의 인기가 높은 곳이기도 하다.

• **참전**
전쟁에 참여함

• **우방 국가**
서로 우호적인 관계를 맺고 있는 나라

미국, 러시아

미국은 6·25 전쟁 당시 유엔군으로 참전•하여 한국을 지원하였고, 전쟁 이후에는 한국의 피해를 복구하고 국가를 재건하는 과정에 기여한 우방 국가•이다.

오늘날에도 한국과 미국은 군사적, 정치적, 경제적, 문화적 측면에서 많은 교류를 이어오고 있다. 러시아(구 소련)는 과거 공산주의의 대표 국가였고 6·25전쟁 당시 북한을 지원하였다. 하지만 1990년 외교 관계를 맺은 이후 점차 교류와 협력이 늘어나고 있다.

• **EU**
유럽의 정치·경제 통합을 실현하기 위하여 설립된 기구

• **통상**
외국과 교통하여 상업적 거래를 함

EU(유럽연합)

1996년 한국과 EU•(유럽연합)은 경제·통상•·과학기술 등 다양한 분야에서 협력하기로 약속한 이후 한국-EU 관계가 정치, 경제, 문화 등을 중심으로 급속히 확대되고 발전하였다. 한국은 EU와 정치·경제·안보 3대 분야 협정을 모두 체결한 최초의 국가이다.

주요 내용정리

01 국제 사회에서 한국은 어떤 역할을 할까?

- 국가의 최고 지도자끼리 만나 교류하는 것을 ( )라고 한다.
- 한국 국군은 해외의 분쟁 지역에 ( )으로 파견되어 국가 재건, 건설 지원, 의료 지원 등과 같은 활동을 담당하며 도움을 주고 있다.
- 아시아인 최초로 유엔 사무총장을 맡아 일한 사람은 ( )이다.

02 한국은 주변과의 국제 관계가 어떨까?

- ( )은 한국에 유교, 불교, 한자 등을 전파하였고 1992년 국교를 맺은 이래 중요한 무역 상대가 되었다.
- 일본과 한국은 경제적·문화적으로 활발하게 교류하며 발전하고 있다. 식민지 시절에 한국 여성을 전쟁에 끌고 갔던 일본군 ( ) 문제가 아직 남아 있다.
- ( )은 6·25 전쟁 당시부터 한국을 지원하고 국가 재건 과정에 기여한 우방 국가로 군사, 정치, 경제 등에서 많은 교류를 이어오고 있다.
- 한국은 ( )과 정치·경제·안보 3대 분야에서 협정을 모두 체결한 최초의 국가이다.

이야기 나누기

이제는 '스타 외교관'

BTS(방탄소년단) UN 총회 연설 "자신만의 목소리를 찾아라"
BTS가 한국 가수 최초로 UN 총회 연설에 나서 젊은 세대를 위한 메시지를 전 세계에 알렸다. "국가, 인종, 성 정체성 등에 상관없이 자신 스스로에 대해 이야기하며 자신의 이름과 목소리를 찾길 바란다"라고 강조했다.
BTS는 유니세프와 함께 '진정한 사랑은 나 자신을 사랑하는 것에서 시작한다'는 LOVE MY SELF 캠페인을 진행하고 있으며, 유니세프의 아동 및 청소년 폭력 근절 캠페인을 후원하고 있다.

(사진 출처: 〈연합뉴스〉)

[출처] 서울경제(2018. 09. 25)

★ 자신의 고향 나라에 외교관으로 보내고 싶은 한국의 유명인은 누구인가요? 그 이유는 무엇인가요?

남북통일을 위한 노력

생각해 봅시다

다음 사진은 국기의 모습입니다.

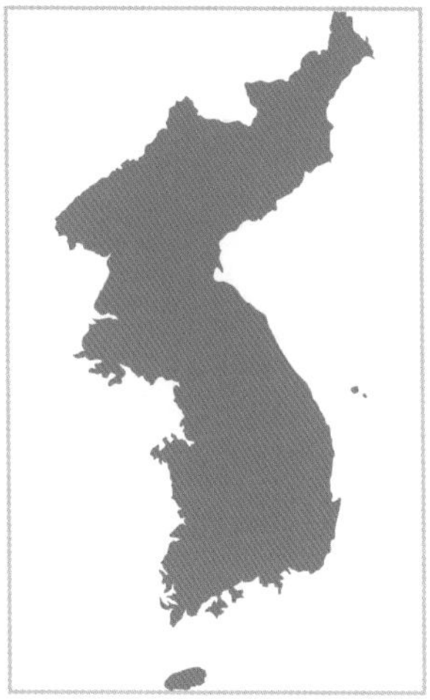

01 다음 사진을 본 적이 있습니까? 각각 무엇입니까?

02 왜 이런 깃발이 만들어졌을까요?

학습목표

1. 분단된 남북 현실을 설명할 수 있다.
2. 남북통일의 필요성과 통일을 위한 노력 방안을 제시할 수 있다.

관련 단원 확인하기

영역		제목	관련 내용
기본	한국지리	45. 한국의 기후와 지형	한반도
심화	역사	6. 6·25 전쟁과 남북관계	분단현실

01 분단된 남북의 현실은 어떠할까?

분단의 현실과 문제점

한국은 1945년 광복 이후 38도선으로 남과 북이 분단되었으며, 6·25 전쟁을 겪으면서 남북 분단이 굳어진 채 오늘에 이르고 있다. 남북 분단•으로 인해 겪는 문제가 적지 않다.

우선 남북 분단은 수많은 이산가족•을 만들었다. 이산가족은 6·25 전쟁을 피해 이동하는 과정에서 헤어진 가족과 고향에 대한 그리움으로 고통받고 있다.

또한, 오랜 분단으로 남북한 언어와 생활 방식이 달라지고 있다. 분단이 길어질수록 이러한 이질화• 현상도 심해질 것으로 예상된다.

경제적 측면에서는, 분단으로 인해 남북한 모두 막대한 비용과 인력•을 국방에 사용하고 있다는 점을 꼽을 수 있다. 남한의 경우 2023년 국방비로 57조 원의 돈을 사용했고 매년 약 50만 명 이상의 젊은이가 군에 입대하고 있다.

한편, 북한의 핵실험이나 미사일 발사 등으로 인해 남북한이 갈등을 겪는 경우 국내외 사람들을 불안하게 할 수 있다는 점도 분단의 문제점이라고 할 수 있다.

• **분단**
나뉘어 갈라짐

• **이산가족**
남북 분단 과정에서 흩어져 서로 소식을 모르는 가족

• **이질화**
성질이 서로 달라지는 현상

• **인력**
사람의 힘

분단 비용과 통일 비용

남북한이 분단 상태를 유지하는 데 쓰는 돈을 분단 비용이라고 한다. 여기에는 국방비•처럼 직접 들어가는 돈은 물론 외교적 경쟁 비용, 남북 갈등에 대한 불안, 이산가족의 아픔 등도 포함된다.

	2020년	2023년
국방비 예산	50조여 원	57조여 원
전체 예산	512조 2504억 원	638조 7000억 원

▲ 한국의 국방비 예산 규모
*자료 출처: 기획재정부, 정책브리핑(www.korea.kr)

반면, 통일 비용은 통일을 위해 남북의 차이를 줄이고 교류하며 통합해 가는데 사용되는 돈을 말한다. 예를 들면, 남북 제도 통합 비용, 경제적 투자 비용 등이다. 통일을 하는 데도 많은 비용이 들지만, 길게 보면 분단 비용이 통일 비용보다 더 크다고 할 수 있다. 통일이 되면 국방비나 외교 비용을 줄여 경제 개발, 교육, 복지 등에 사용할 수 있기 때문에 한국이 더욱 발전할 수 있을 것으로 기대된다.

• **국방비**
국가가 외국의 침략에 대비 태세를 갖추고 국토를 방위하는 데에 쓰는 비용

알아두면 좋아요 남한과 북한의 언어, 얼마나 달라졌나요?

남한과 북한은 같은 한국어를 사용하지만, 오랜 분단으로 인해 일상생활에서 쓰이는 언어가 많이 달라졌다. 북한에서는 외래어(외국에서 들어온 말) 사용을 자제하기 때문에 한글로 된 단어가 더 많은 편이다. 예를 들어 '아이스크림'을 북한에서는 '얼음보숭이'라고 부른다. 남북의 언어 이질화를 극복하고 남북 통일에 이바지하기 위해 남한과 북한이 공동으로 『겨레말큰사전』을 만들고 있다.

남한	북한
도넛	가락지빵
라면	꼬부랑국수
달걀찜	닭알두부
미역국	락제국
핸드폰	손전화

02 통일을 위해서 어떤 노력을 하고 있을까?

통일의 필요성과 장점

▲ 이산가족 상봉 모습
(사진 출처: 〈연합뉴스〉)

남북통일이 되면 첫째, 한반도에 평화를 가져오는 것은 물론 세계 평화에도 기여할 수 있다. 이를 통해 남북한 구성원 모두의 안전한 삶을 보장할 수 있다. 둘째, 원래 하나였던 남북의 동질성•을 회복할 수 있다. 특히 남한과 북한에 흩어져 있는 이산가족이 다시 고향을 찾고 서로 만날 수 있다. 셋째, 경제 발전과 정치적 안정을 통해 국가 경쟁력을 높일 수 있다. 원래 국방비로 사용했던 돈의 일부를 경제에 투자할 수 있고 국토의 효율적인 이용도 가능하다. 북한 주민의 삶을 개선하는 데도 도움을 줄 수 있다.

• **동질성**
성질이 같음

▶ 이산가족 신청 현황(2023년 12월 기준)

(단위: 명)

구 분	신청자	생존자	사망자
전월 대비	1 증가	288 감소	289 증가
'88~현재	133,984	39,593	94,391
'88~전월	133,983	39,881	94,102

통일을 위한 노력

통일은 하루아침에 이루어지는 것이 아니므로 인내심을 가지고 꾸준히 노력해야 한다.

첫째, 남북한 사이에 다양한 방식의 교류·협력을 이어가고 확대함으로써 신뢰를 쌓아가는 노력이 필요하다. 반드시 남북정상회담이나 장관들의 만남이 아니더라도 운동선수, 학자, 학생, 기업인, 이산가족 등과 같은 민간• 분야에서의 만남을 통해서도 교류를 지속해야 한다.

둘째, 외교를 통해 한반도 주변 국가들과 국제 사회가 남북통일에 협력할 수 있도록 해야 한다. 통일은 남한과 북한의 노력은 물론 국제 사회의 지지 속에서 이루어지는 것이 바람직하기 때문이다.

셋째, 통일에 대비하여 관련 법과 제도를 마련해야 한다. 예를 들어, 하나원•과 같은 기관을 통한 북한 이탈 주민 지원, 기업이나 시민단체 등의 남북한 교류 활동 지원, 통일된 한국에 필요한 교육과 연구 지원 등이 더욱 활성화될 수 있도록 법과 제도가 뒷받침되어야 한다.

• **민간**
정부나 관청에 속하지 않는 곳

• **하나원**
북한 이탈 주민의 한국 사회 정착을 지원하는 통일부 소속 기관

알아두면 좋아요 스포츠로 하나 된 남북 단일팀이 걸어온 길

남북 단일팀이란 올림픽 등 국제스포츠 경기 대회에서 남북한 선수들이 한 팀을 이뤄 출전하는 것이다. 1945년 분단 이후 1991년 세계탁구선수권과 세계 청소년 축구 선수권, 2018년 평창동계올림픽 여자 아이스하키와 세계탁구 선수권 여자 탁구팀, 자카르타-팔렘방 아시안 게임 농구·카누·조정까지 5번의 남북 단일팀이 구성돼 경기에 출전했다. 특히 1991년 세계탁구 선수권대회에서 남북 단일팀이 단체전 우승을 하며 국민들에게 큰 감동을 전했다. 이후 영화 〈코리아〉로도 만들어졌다. 이 대회부터 남북한 국기 대신 하늘색 한반도기가 걸리고 국가 대신 〈아리랑〉이 불렸다.

▲ 2018 평창 동계 올림픽 여자 아이스하키 남북 단일팀
(사진 출처: 〈연합뉴스〉)

주요 내용정리

01 분단된 남북의 현실은 어떨까?

- 남북 분단은 수많은 (　　　　)을 만들었다. 이들은 6 · 25 전쟁을 피해 이동하는 과정에서 고향을 떠나고 가족과 헤어진 사람들이다.
- 오랜 분단으로 남북한 언어와 생활 방식이 달라지고 있다. 분단이 길어질수록 이러한 (　　　　) 현상도 심해질 것으로 예상된다.
- 남북한이 분단 상태를 유지하는 데 쓰는 돈을 (　　　　)이라고 한다. 여기에는 국방비, 외교 비용, 불안감, 이산가족의 아픔 등이 포함된다.

02 통일을 위해서 어떤 노력을 하고 있을까?

- 남북통일이 되면 한반도에 (　　　)를 가져오는 것은 물론 세계 (　　　)에도 기여할 수 있다.
- 남북통일을 위해서는 남북한 간에 다양한 교류와 협력을 통해 신뢰를 쌓아가야 한다. 그리고 (　　　)를 통해 한반도 주변 국가들과 국제사회가 남북통일에 협력할 수 있도록 해야 한다. 또한, 통일에 대비한 법과 제도를 마련해야 한다.

이야기 나누기

북한에도 과외가 있을까?

▲ 평양의 소학교(사진 출처: 〈연합뉴스〉)

한국은 입시경쟁이 치열하여 학생들이 학원에 다니거나 과외를 받기도 한다. 북한의 모습은 어떨까? 북한은 공식적으로는 학원이나 과외가 없다고 한다. 학교에서 학과 수업이 점심시간 전에 끝나고, 이후에는 담임선생님과 복습을 하는 형태가 일반적인 북한의 학교 모습이다. 그러나 2000년대 이후 비공식적으로 북한에서도 사교육이 하나둘씩 생겨나서 영재학교에 해당하는 제1중학교나 명문 대학에 들어가기 위해 비공식적으로 선생님들에게 과외를 받는다고 한다. 그렇다면, 어떤 과목이 가장 인기 있는 과외 과목일까? 바로 악기를 다루는 과목이다. 대입 면접에서 악기 하나만 잘해도 가산 점수를 받을 수 있고 과거 정책적으로 1인 1악기를 장려했던 영향도 있다고 한다.

[출처] 민주평화통일자문회의(www.nuac.go.kr)

★ 평소 북한이나 북한 사람에 대해 가지고 있던 이미지를 이야기해 보고, 우리가 몰랐던 북한 사람들의 생활 모습을 인터넷을 통해 검색해 봅시다.

대단원 정리

정치 과정과 시민 참여	정치 과정, 정치 참여의 중요성, 선거와 투표, 정치 참여 방법, 바람직한 정치 참여 태도
선거와 정당	선거의 중요성과 기능, 공정 선거, 정당의 의미와 역할
외교와 국제 관계	국제 사회와 외교, 국제기구에서 활약하는 한국인, 한국과 관계 깊은 국가
남북통일을 위한 노력	분단의 현실과 문제점, 분단 비용·통일 비용, 통일의 필요성, 통일을 위한 노력

중앙선거관리위원회
www.nec.go.kr

외교부
www.mofa.go.kr

통일부
www.unikorea.go.kr

QUIZ

가로 세로 퀴즈

①		㉮			
					③
㉯		②			
	㉰			㉱	

가로 열쇠

㉮ 자기 나라의 이익을 달성하기 위해 국제 사회에서 펼치는 평화적인 대외 활동
㉯ 통일을 위해 남북의 차이를 줄이고 교류하며 통합해 가는데 사용되는 비용
㉰ 대통령을 뽑는 선거
㉱ 대통령이 소속되어 있는 정당

세로 열쇠

① 남한과 북한이 하나가 되는 것
② 투표인의 투표 내용을 다른 사람이 알지 못하도록 비밀을 보장하는 선거제도
③ 민주주의에서는 정당 설립의 자유를 보장하기 때문에 2개 이상의 정당을 인정한다. 이러한 제도를 OOOOO (↔단일정당제)라고 한다.

단원 종합 평가

01 **다음 단체 중 성격이 다른 단체는?**

① 환경단체　② 노동조합　③ 복지단체　④ 소비자단체

02 **다음 중 분단 비용에 속하지 않는 것은?**

① 국방비　② 외교적 경쟁 비용　③ 이산가족의 아픔　④ 남북 제도 통합 비용

03 **다음 중 선거에 대해서 잘못 말한 사람은?**

① 수잔: 민주 국가에서는 대표자를 국민이 직접 뽑지.
② 자히드: 선거를 관리하는 기관은 선거관리위원회야.
③ 파비앙: 대의 민주주의를 실현하는 대표적인 방법은 선거야.
④ 줄리안: 한국은 모든 국민이 한자리에 모여 결정을 내리기도 해.

04 **〈보기〉에서 설명하는 기관으로 알맞은 곳은?**

| 〈보기〉 |

- 정치적 견해가 비슷한 사람들이 모여 만든 집단이다.
- 선거에서 이기기 위해 각종 공약과 정책을 개발한다.

① 정당　② 국회　③ 이익집단　④ 시민단체

05 **〈보기〉의 ㄱ, ㄴ에서 설명하는 곳으로 옳은 것은?**

| 〈보기〉 |

ㄱ. 2019년 11월 부산에서 특별 정상 회의를 진행하였다.
ㄴ. 정치, 경제, 안보 3대 분야에서 한국과 최초로 협정을 체결하였다.

	㉠	㉡		㉠	㉡
①	ASEAN	EU	②	EU	ASEAN
③	미국	일본	④	일본	미국

06 **다음 중 남북 통일의 필요성을 〈보기〉에서 모두 고른 것은?**

| 〈보기〉 |

ㄱ. 분단 비용을 높이기 위해서
ㄴ. 군사 강대국이 되기 위해서
ㄷ. 세계 평화에 기여하기 위해서
ㄹ. 이산가족의 고통을 해소하기 위해서

① ㄱ, ㄴ　② ㄱ, ㄹ　③ ㄴ, ㄷ　④ ㄷ, ㄹ

선거관리위원회는 무슨 일을 할까?

공정한 선거를 위해서 한국에서는 '선거관리위원회'를 두고 있다. 선거관리위원회는 선거 기간에 후보자와 정당의 선거 활동을 감시하는 일을 한다. 그들의 활동을 살펴보고 혹시라도 법에 어긋나는 일이 있으면 곧바로 주의를 시키고, 심각한 사건이면 검찰에 고발하기도 한다.

▲ 경기도 과천시에 위치한 중앙선거관리위원회 전경

선거관리위원회가 생기기 전에는 선거 때마다 불법 선거 때문에 문제가 발생하기도 했다. 후보자들이 자기를 뽑아 달라고 돈을 주거나 밥을 사주기도 했다. 심지어 거짓으로 상대 후보를 비방하기도 했다.

또 선거관리위원회는 나라의 중요한 일을 결정할 때 국민 전체의 의견을 묻는 국민 투표에 관한 일을 맡아서 하고, 정당을 세우고 없애는 것과 관련된 일도 하고 있다. 또 공명선거의 중요성을 국민에게 널리 알리는 활동도 한다.

▲ 중앙선거관리위원회 총선 상황실 개소식(사진 출처: 〈중앙선거관리위원회〉)

각 지역의 선거관리위원회는 '중앙선거관리위원회'가 이끌고 있다. 중앙선거관리위원회는 국회, 정부, 법원, 헌법재판소만큼이나 중요하게 여겨지는 독립된 기관이다.

우표를 통해 본 남북 통일을 위한 노력들

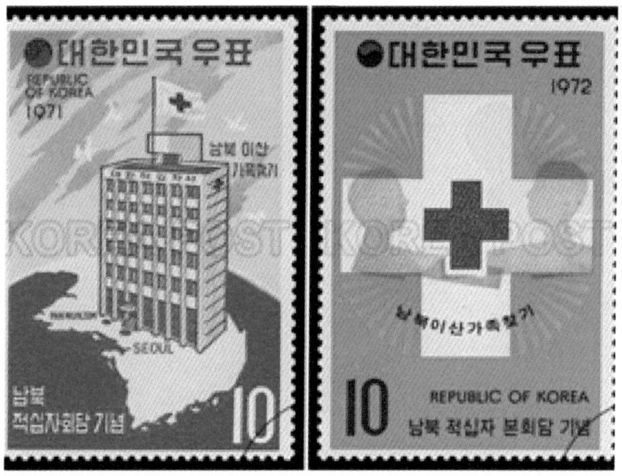

▲ (좌) 남북 적십자 회담 기념우표 / (우) 남북 적십자 본회담 기념우표
(사진 출처: 우정사업본부)

1970년대 이후- 교류를 통해 협력하는 남북한

남북 적십자 회담 기념 우표는 분단 이후 남북 간 협력 내용이 담긴 최초의 우표이다. 남북 적십자 회담은 이산 가족 상봉 문제를 논의하기 위해 진행된 남북 적십자사 대표단 간 회담이다. 남측의 제의로 1971년 8월 20일 판문점에서 적십자사 대표단이 최초로 접촉하였고, 그로부터 1년 뒤 평양과 서울에서 본회담이 열리게 되었다.

▲ (좌) 남북통일 친선 축국 경기 기념 우표/ (우) UN 가입 기념 우표
(사진 출처: (좌) 네이버 까페 우표를 사랑하는 사람들/ (우) 우정사업본부)

1990년대 - 평화 통일을 위해 나아가는 남북한

1990년 10월에 열린 남북통일 친선 축구 경기를 기념하기 위해 발행된 우표에는 친선 경기에 참가하고 있는 남북한 축구 선수들이 경기를 하는 모습이 담겨있다. 1991년에는 남북한이 동시에 UN에 가입한 것을 기념하는 우표도 발행되었다.

1990년대 후반 ~ 2000년대 - 활발한 교류를 통한 남북한

2000년과 2007년에는 각각 남북 정상회담이 실시되어서 남북한은 통일 문제, 경제 협력, 이산가족 상봉 등에 관한 합의를 끌어냈다. 이후 이산가족 상봉 행사가 여러 차례 개최되었고, 경의선 복구 사업, 올림픽 대회 남북한 선수단 공동 입장 등의 활발한 교류가 이어졌다.

▲ (좌) 2000년 남북 정상 회담 기념 우표/ (우) 2007년 남북 정상 회담 기념 우표
(사진 출처: 우정사업본부)

▲ 2018 남북정상회담 기념 우표 (사진 출처: 우정사업본부)

2018년 - 11년 만에 열린 남북정상회담

2018년 남북정상회담은 판문점 남측에서 진행되었다. 남북 정상이 군사분계선에서 만난 것은 역사상 처음 있는 일이며, 북한 최고 지도자가 남한 땅을 밟은 것도 최초의 일이다. 회담 결과 '한반도의 평화와 번영, 통일을 위한 판문점 선언'이 발표되었다.

출처: 통일부 공식 블로그(https://blog.naver.com/gounikorea), 천재교육(www.chunjae.co.kr)

제 4 편

대한민국의 경제

13. 한국의 경제체제
14. 금융과 자산 관리
15. 기업과 근로자
16. 국민경제와 국제거래

13 대한민국의 경제 한국의 경제체제

생각해 봅시다

다음은 여러 가지 직업의 모습을 나타낸 것입니다.

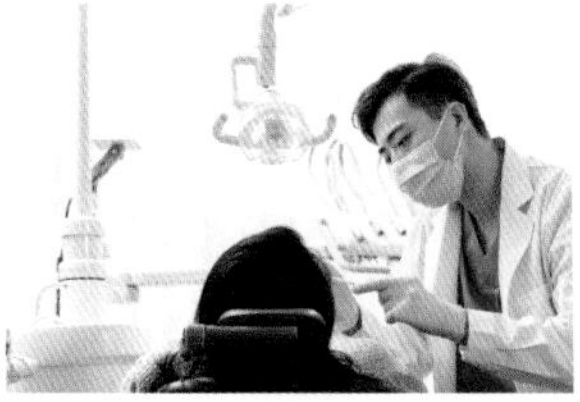

01 사진에 나타난 직업은 각각 무엇입니까?

02 각자의 직업을 개인이 스스로 선택하는 방식과 국가가 각 개인에게 맞는 직업을 정해주는 방식 중 어느 것이 더 낫다고 생각합니까? 그 이유는 무엇입니까?

학습목표

1. 시장경제체제의 특징을 설명할 수 있다.
2. 경제활동에서 한국 정부의 역할을 설명할 수 있다.

관련 단원 확인하기

영역		제목	관련 내용
기본	경제	26. 경제 성장	한국의 경제 성장

01 한국의 경제체제는 무엇일까?

시장경제체제와 계획경제체제

인간의 욕구에 비해 자원은 한정되어 있다. 그래서 경제활동에 참여하는 사람들은 늘 경제 문제•에 직면한다. 경제 문제를 해결하는 방식은 나라마다 다르다.

오늘날 많은 국가에서는 개인의 자유로운 선택과 시장 거래에 따라 경제 문제를 해결하려고 하는데 이러한 방식을 시장경제체제라고 한다. 반면, 일부 국가에서는 정부의 계획이나 통제 아래 경제 문제를 해결하기도 하는데 이를 계획경제체제라고 한다.

• **경제 문제**
인간의 욕구에 비해 한정되어 있는 자원을 어떻게 활용할 것인지 선택해야 하는 문제

	시장경제체제	계획경제체제
선택의 주체	개인	국가
경제 활동의 동기	개인의 이익 추구	국가 공동의 목표 추구
특징	시장을 통한 자유로운 거래	정부 계획이나 명령을 통한 제한적 거래
대표적인 국가	한국, 미국, 영국 등	북한, 쿠바 등

시장경제체제를 기본으로 하는 한국

한국의 경제체제는 기본적으로 시장경제체제를 채택하고 있다. 시장경제체제에서 사람들은 자유롭게 경제활동을 할 수 있다. 예를 들어, 원하는 직업을 선택할 수 있고 능력과 필요에 따라 열심히 일한 대가를 자신이 가질 수 있다. 사유재산권•이 보장되기 때문에 국가가 개인의 재산권을 함부로 침해할 수 없다. 시장경제체제에서는 각 개인이 자기 이익을 위해 노력하면 결국 사회 전체가 더 풍요롭게 발전할 수 있을 것으로 기대한다.

• **사유재산권**
개인이 자신의 재산을 소유할 수 있고 자유롭게 관리, 처분할 수 있는 권리

대한민국 헌법에 나타난 시장경제체제의 모습

헌법 제15조: 모든 국민은 직업 선택의 자유를 가진다.
헌법 제23조: 모든 국민의 재산권은 보장된다.
헌법 제119조 1항: 대한민국의 경제 질서는 개인과 기업의 경제상의 자유와 창의를 존중함을 기본으로 한다.

알아두면 좋아요 경제체제가 다른 대한민국과 북한, 경제력 차이는?

대한민국과 달리 북한은 계획경제체제를 채택하고 있다. 그래서 북한에서는 국가가 모든 경제활동을 계획하고 관리하며, 일부 생활용품을 제외한 모든 생산 수단과 재화를 국가가 소유하고 있다. 북한은 1970년대만 해도 1인당 국민소득이 384달러로 대한민국의 286달러보다 많았다. 하지만 대한민국은 시장경제체제 하에서 빠른 경제성장을 거듭했고 그 결과 2022년 대한민국의 1인당 국민소득은 4천만 원(3만 달러)을 넘어서게 되었다. 이는 같은 시기 143만 원(1,100달러)에 미치지 않는 북한의 1인당 국민소득의 29배에 해당하는 수치이다.

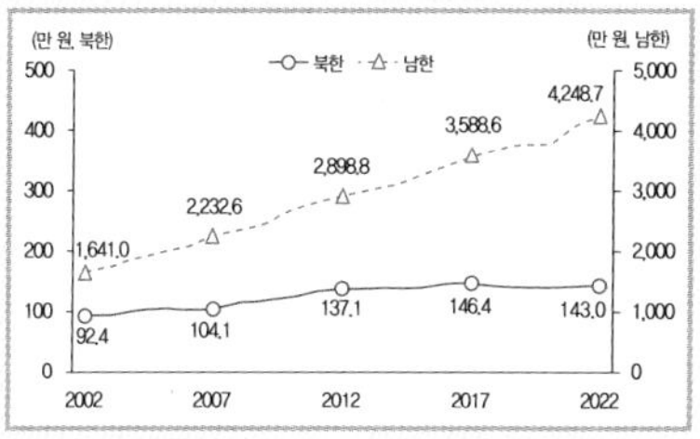

▲ 대한민국과 북한의 1인당 명목 국민총소득(GNI)

02 경제활동에서 한국 정부는 어떤 역할을 할까?

시장경제체제에서 정부의 역할

시장경제체제는 각자 자신의 이익을 위해 노력하고 경쟁하는 과정에서 사회적 효율성•을 높일 수 있다고 본다. 그런데 그 과정에서 부작용이 발생하는 경우도 있다. 예를 들어, 자신의 이익을 지나치게 추구하여 다른 사람이나 사회에게 피해를 줄 수 있다. 또한 치열한 경쟁의 결과 빈부 격차•가 심해지고 경제적 약자•들이 어려움을 겪기도 한다.

오늘날 시장경제체제를 채택한 많은 나라에서는 위와 같은 문제를 해결하기 위해 정부가 경제활동에 일정 부분 개입하고 있다. 이를 통해 공정한 경쟁을 보장하고 시장경제체제의 부작용을 줄임으로써 경제활동이 안정적으로 이루어질 수 있도록 한다.

• **효율성**
최소한의 비용으로 최대의 효과를 얻는 것

• **빈부 격차**
부자와 가난한 사람의 생활 수준 차이

• **경제적 약자**
재산이나 소득 등 경제 생활에 필요한 수단이 없거나 적어서 생활이 어려운 사람

시장경제체제를 보완하기 위한 한국 정부의 노력

한국은 시장경제체제를 기본으로 하면서도 정부가 적절히 개입하여 시장경제체제의 부작용을 최소화하기 위해 노력하고 있다.

대한민국 헌법에 나타난 시장경제체제 보완 모습

헌법 제119조 2항: 국가는 균형 있는 국민경제의 성장 및 안정과 적정한 소득의 분배를 유지하고, 시장의 지배와 경제력의 남용•을 방지하며, 경제 주체 간의 조화를 통한 경제의 민주화를 위하여 경제에 관한 규제와 조정을 할 수 있다.

첫째, 한국 정부는 시장에서 공정한 경쟁이 이루어지도록 노력한다. 특히 공정거래위원회•는 독과점• 기업 등이 다른 기업이나 소비자에게 피해를 주는 것을 막는 역할을 한다.

둘째, 한국 정부는 경제활동 과정에서 국민의 건강과 안전, 사회 질서를 해치는 행위를 법으로 규제한다. 그래서 환경오염을 일으키거나 국민의 건강에 해로운 상품을 유통한 기업을 처벌하고 있다.

셋째, 한국 정부는 다양한 복지 정책을 통해 저소득층, 장애인 등의 경제적 약자들이 소외되지 않도록 한다. 예를 들어, 이들이 기본적인 생활을 유지할 수 있도록 생계, 의료, 물품, 서비스 등을 제공한다.

• **남용**
자신에게 주어진 권리나 권한을 넘어 함부로 행사하는 것

• **공정거래위원회**
독점 및 불공정거래에 관한 문제를 해결하기 위한 국가기관

• **독과점**
하나 또는 소수의 기업이 시장을 지배하여 이익을 독차지하는 것

알아두면 좋아요 마스크 가격을 안정시킨 한국 정부의 노력

2020년 코로나19 바이러스로 전 세계가 위생용품 부족으로 어려움을 겪었다. 당시 한국에서도 평소 500원 하던 마스크값이 3~4천원 수준으로 오르기도 했다. 이에 한국에서는 마스크 가격을 안정시키고 국민의 건강을 보호하기 위해 마스크 생산/소비와 가격을 시장에 맡겨두지 않고 정부가 직접 개입하는 '공적 마스크 제도'를 시행했다. 이에 따라 1인당 구입 수량을 제한하고 주민등록번호나 외국인등록번호에 따라 마스크를 구매하게 하였다. 그 결과 마스크 가격이 안정되었고 마스크를 필요로 하는 내국인과 외국인 모두 마스크를 구할 수 있게 되었다.

주요 내용정리

01 한국의 경제체제는 무엇일까?

- 인간의 욕구에 비해 자원은 한정되어 있어서 경제 활동에 참여하는 사람들은 늘 (　　　　　)에 직면한다.
- 한국은 개인의 자유로운 선택과 시장 거래에 따라 경제 문제를 해결하는 (　　　　　　　)를 기본으로 한다.
- 한국의 헌법은 모든 국민의 (　　　) 선택의 자유, 재산권, 경제상의 자유와 창의 등을 보장하고 있다.

02 경제활동에서 한국 정부는 어떤 역할을 할까?

- 시장경제체제에서 각 개인의 자유로운 (　　　)은 사회적 효율성을 높일 수 있지만 그 과정에서 빈부 격차가 심해져 경제적 (　　　)들이 어려움을 겪을 수 있다.
- 한국에서는 시장경제체제를 기본으로 하면서 그 부작용을 최소화하기 위해 (　　　)가 일정 부분 개입하고 있다.
- 한국에서는 (　　　　　　　　　)를 통해 독과점 기업 등이 다른 기업이나 소비자에게 피해를 주는 것을 막고 있다.

이야기 나누기

한국은 경제적으로 얼마나 자유로울까?

미국 싱크탱크 헤리티지 재단과 월스트리트 저널은 세계 각 나라의 경제 활동의 자유를 경제자유지수(index of economic freedom)라는 이름으로 측정하여 발표하고 있다. 정부의 규모가 작을수록, 재산권을 잘 보호할수록, 통화건전성이 높을수록, 무역이 자유로울수록, 시장규제가 낮을수록 점수가 높다. 2023년 발표된 수치에 따르면 한국은 73.7점으로 '상당히 자유로운(mostly free)' 나라이며 184개 국가 중에 15위를 차지하고 있다.

2023 세계경제자유지수

순위	국가명	점수(100점 만점)
1	싱가포르	83.9점
2	스위스	83.8점
3	아일랜드	82.0점
4	대만	80.7점
5	뉴질랜드	78.9점
13	호주	74.8점
14	독일	73.7점
15	대한민국	73.7점
16	캐나다	73.7점
	...	
25	미국	70.6점
	...	
31	일본	69.3점
	...	
174	베네수엘라	25.8점
175	쿠바	24.3점
176	북한	2.9점

▲ 2023년 경제자유지수 순위(해리티지 재단)

★ 자신의 고향 나라에 비해 한국에서 경제활동을 할 때 특히 더 자유로운 부분은 무엇인지 이야기해 봅시다.

14 대한민국의 경제 금융과 자산 관리

생각해 봅시다

다음은 일생 동안 소득과 소비가 어떻게 변하는지 나타낸 그래프입니다.

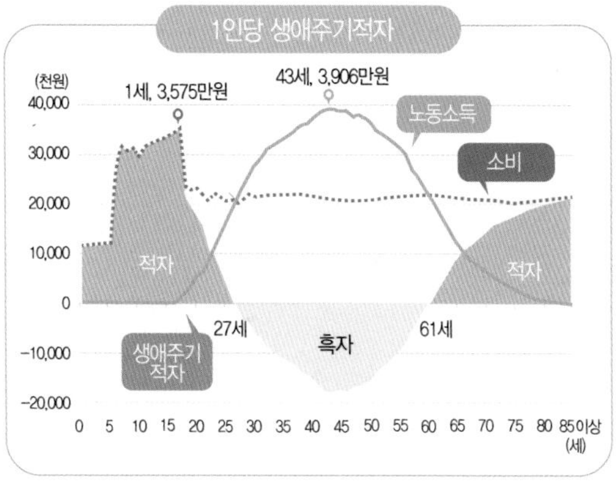

2023년 통계청의 발표에 따르면 한국인은 27세부터 버는 돈이 쓰는 돈보다 많아지고, 43세에 소득이 생애 최고 수준에 이르는 것으로 나타났다. 이후 61세부터는 소비가 소득을 넘어서는 것으로 나타났다.

*자료: 2021년 국민이전계정(통계청)

01 현재 자신이 해당하는 시기를 표시하고 본인의 지출 중 가장 큰 비중을 차지하는 것이 무엇인지 말해 봅시다.

02 현재 자신은 노후를 대비하여 어떤 준비를 하고 있는지 말해 봅시다.

학습목표

1. 금융기관을 통한 대출과 보험에 대해 설명할 수 있다.
2. 다양한 노후 대비 및 자산 관리 방법을 비교할 수 있다.

관련 단원 확인하기

영역		제목	관련 내용
기본	경제	28. 금융 기관 이용하기	은행에서 하는 일, 금융 거래하기

01 은행과 보험을 통한 자산 관리는 어떻게 할까?

은행을 통한 예금과 대출

은행은 자금 공급자•와 자금 수요자•를 연결하는 역할을 한다. 여유 자금을 가진 사람은 은행에 돈을 맡기고 이자를 받는다(예금). 요즘에는 은행에 직접 가지 않고 모바일 뱅킹•으로 예금이나 적금에 가입하면 조금 더 높은 이자를 받을 수 있다.

▲ 최근에는 스마트폰을 이용하여 통장을 개설하고 은행 업무를 볼 수 있다.

반대로 돈이 필요한 사람은 은행에서 빌릴 수 있다(대출). 금리•에 따라 이자 금액이 달라지므로 대출 전에 금리가 얼마인지 확인해야 한다. 평소에 꾸준히 은행 거래를 했거나 주택 등 담보 자산•이 있으면 대출 금리를 낮출 수 있다. 한편, 한국에서는 신혼부부, 결혼 이민자 가족 등이 보다 낮은 금리로 대출받을 수 있도록 지원하고 있다.

• **자금 공급자** 자신의 돈을 은행 등에 맡겨두려는 사람

• **자금 수요자** 돈이 필요해서 빌리려는 사람

• **모바일뱅킹** 스마트폰을 이용한 은행 거래 서비스

• **금리** 맡긴 돈이나 빌린 돈에 붙는 이자

• **담보 자산** 대출 등을 위해 보증으로 맡기는 재산

보험을 통해 위험에 대비하기

보험은 미래의 위험에 대비하여 평소에 조금씩 보험료를 내고 훗날 위기가 생겼을 때 보험금•을 받을 수 있는 금융상품이다. 크게 손해보험과 생명보험으로 나뉜다. 손해보험은 주로 물건이나 재산의 손해에 대비하는 보험이다. 한국에서 운전을 하려면 반드시 가입해야 하는 자동차보험이 대표적인 예이다. 자동차 사고가 나게 되면 보험회사에서 사고 처리에 들어간 비용 해결에 도움을 준다. 생명보험은 사람의 사망과 생존에 대비하는 보험이다. 보험에 가입한 사람이 사망하거나 일정한 연령까지 생존해 있을 때 미리 정해놓은 액수만큼의 보험금을 받을 수 있다. 보통 질병이나 장애 발생시 보험금을 지급받을 수 있는 내용을 추가한 생명보험상품이 많이 판매된다. 최근에는 이 두 보험의 특징을 섞어 놓은 보험상품도 많다.

한편, 의료비 보장과 관련한 보험으로 암보험과 의료비 실손보험이 있다. 암보험은 큰 돈이 들어가는 암 치료 비용의 상당 부분을, 의료비 실손보험은 병원비나 약값의 상당 부분을 지급해 준다. 보험은 중간에 해지•하면 손해가 크기 때문에 신중하게 가입해야 한다.

• **보험금** 보험 사고가 발생했을 때 보험 계약에 따라 보험 회사에서 보험계약자에게 지급하는 돈

• **해지** 계약을 끝내는 것

알아두면 좋아요 돈을 쉽게 빌려준다고 하는 곳, 쉽게 믿으면 안돼요~

'100% 대출', '누구에게나 돈 빌려 드립니다.'라는 광고지나 문자 메시지를 본 적이 있는가? 이처럼 돈을 쉽게 빌려준다고 하는 곳은 등록되지 않은 대부업체 즉, '불법 사채 업자'일 가능성이 크다. 이러한 곳은 돈이 필요한 사람의 급한 마음을 이용해, 법으로 정해 놓은 최고 금리인 20%보다 훨씬 높은 금리로 빌려주는 경우가 많다. 아무리 급히 돈이 필요하더라도 절대 사채를 쓰면 안 된다. 은행을 이용하는 것이 가장 좋지만, 만약 대부업체를 이용하더라도 그곳이 등록된 업체인지 금융감독원 홈페이지에서 확인해야 한다.

▲ 불법 대부업 이용 피해 구제 안내문(경찰청 블로그)

02 주식, 채권, 부동산을 이용한 자산관리는 어떻게 할까?

주식과 채권

• 수익(률)
투자를 통해 얻는 이익의 비율

• 주식
주주(주식 소유자)가 주식회사에 투자한 몫을 나타내는 증권

• 배당금
회사가 거둔 이익의 일부를 그 회사의 주식을 가진 사람들에게 나누어 주는 돈

금융상품에 투자할 때 잊지 말아야 할 것은 높은 수익•에는 높은 위험이 따른다는 점이다. 예를 들어 은행 예금은 이자는 낮지만 안전한 금융 상품이다. 이와 달리 주식•은 예금에 비해 수익률•이 높은 대신 위험도도 높다. 주식 투자는 증권사를 통해 어떤 회사의 주식을 구입하는 방식으로 한다. 자신이 투자한 회사가 경영을 잘 해서 이익을 남기면 주식 가격(주가)이 오르고 배당금•도 받을 수 있지만, 그 반대의 경우에는 손해를 볼 수도 있다.

▲ 주식의 가격 변동을 확인할 수 있는 한국거래소의 모습

채권은 정부나 기업 등이 돈이 필요할 때 다수의 사람들에게 돈을 빌리기 위해 발행하는 증서이다. 회사에서 발행한 채권을 회사채, 국가에서 발행한 채권을 국채라고 한다. 채권을 구입하면 일정 기간이 지난 후에 원금과 약속된 이자를 받을 수 있다. 또한 채권의 가격이 늘 변하기 때문에 싸게 구입했다가 비싸게 팔면 이익을 얻을 수 있다. 채권은 주식보다는 수익이 낮지만 좀 더 안정적인 투자 방법이다.

부동산과 간접투자 상품

• 임대료
부동산 등을 빌려 쓴 대가로 지불하는 돈

• 차익
살 때 가격과 팔 때 가격의 차이를 통해 얻는 이익

• 펀드
많은 투자자로부터 자금을 모아 투자자를 대신하여 자산운용회사가 투자하는 금융상품

부동산 투자는 아파트, 상가 등과 같은 건물이나 토지를 구입하여 수익을 얻는 방식이다. 예를 들어, 자신의 부동산을 빌려주고 임대료•를 받거나 싼 가격에 샀던 부동산을 비싼 가격에 팔아 차익•을 얻을 수 있다. 부동산 투자에는 큰돈이 필요하고 한 번 부동산을 구매하면 다시 현금으로 바꾸기가 쉽지 않으므로 신중하게 결정해야 한다.

한편, 시간이나 금융 관련 지식이 부족하여 주식이나 채권 등에 직접 투자를 하기 어려울 때는 자산운용회사를 통해 펀드• 등과 같은 간접투자 상품을 선택할 수 있다. 자산운용회사는 펀드에 모인 돈을 가지고 주식, 채권, 부동산 등에 투자하여 이익을 남기고 투자자들에게 그 이익을 나누어 준다. 펀드는 예금보다는 높은 수익을 기대할 수 있지만, 경우에 따라 원금을 잃을 수도 있으니 주의해야 한다.

알아두면 좋아요 노후를 보장하는 또다른 방법, 연금저축

평균 수명이 연장되면서 경제적으로 안정된 노후를 위한 관심이 늘어나고 있다. 한국에서는 공적으로 공무원연금이나 국민연금을 통해 개인들의 노후를 보장하고 있다. 하지만 그 외에도 개인적으로 연금저축을 통해 노후를 준비할 수 있다. 연금저축은 평소에 돈을 모아두었다가 노후에 연금으로 받는 장기 저축상품이다. 한국에서는 연금저축에 대해 일정 금액까지 세금 혜택을 주고 연금 수령시에도 낮은 비율의 세금을 부과하여 개인적인 저축을 장려하고 있다.

주요 내용정리

01 은행과 보험을 통한 자산 관리는 어떻게 할까?

- 은행에 돈을 맡기는 것을 예금이라고 하고, 은행에서 돈을 빌리는 것을 (　　　)이라고 한다. (　　　)에 따라 이자 금액이 달라지므로 대출 전에 이것을 잘 확인해야 한다.
- 보험은 미래의 위험에 대비하여 평소에 조금씩 보험료를 내고 위기에 처했을 때 약속된 보험금을 받는 금융상품이다. 주로 물건이나 재산의 손해에 대비하는 (　　　　)과 사람의 생명과 건강에 대비하는 (　　　　)이 있다.
- 의료비 보장과 관련한 보험으로는 암 치료 비용의 상당 부분을 지급하는 암보험과, 병원비나 약값의 상당 부분을 지급해 주는 의료비 (　　　　)이 있다.

02 주식, 채권, 부동산을 이용한 자산 관리는 어떻게 할까?

- 금융상품에 투자할 때 잊지 말아야 할 것은 높은 (　　　)에는 높은 (　　　)이 따른다는 점이다.
- 회사의 (　　　)을 사면 회사가 잘 운영되어 이익을 남겼을 때 배당금을 받을 수 있다. (　　　)은 정부나 기업 등이 돈이 필요할 때 발행하는 증서로 회사에서 발행하는 회사채와 국가에서 발행하는 (　　　)가 있다.
- (　　　　) 투자는 구입한 건물이나 토지를 빌려주고 (　　　　)를 받거나 싸게 샀다가 비싸게 팔아 차익을 얻는 방식이다.
- 직접 투자가 어려울 경우 자산운용회사를 통해 간접적으로 투자할 수 있는데 대표적인 상품에는 (　　　)가 있다.

이야기 나누기

나의 신용등급, 어떻게 관리하면 좋을까?

신용등급은 18세 이상 신용거래 기록이 있는 사람의 과거 신용거래 경험이나 현재 신용거래 상태를 바탕으로 10등급으로 분류된다. 신용등급 숫자가 높을수록 신용이 낮아서 대출 등 금융 거래를 할 때 어려움을 겪을 수 있다. 따라서 신용등급을 높게 잘 관리하는 것이 중요하다.

신용회복위원회
Credit Counseling & Recovery Service

▲ 신용회복위원회에서 개인 신용등급을 확인할 수 있다.

자신의 신용등급을 잘 관리하기 위해서는 무엇보다도 돈이 연체되는 일이 없는 것이 중요하다. 신용카드가 연체된다든지 공과금 납부 등이 연체되면 신용등급이 하락할 수 있다. 따라서 신용카드의 경우 할부보다는 일시불로 사용하고, 되도록 체크카드를 사용하는 것이 좋다. 또한 대출은 가능한 줄이고, 대출을 받아야 한다면 저축은행이나 대부업체는 피하는 것이 좋다. 또한 주거래 은행을 설정하면 신용등급을 관리하는데 도움이 된다.

★ 본인의 신용등급을 더 높이기 위해 어떤 노력이 필요한지 말해 봅시다.

15 대한민국의 경제 기업과 근로자

생각해 봅시다

다음은 한국을 대표하는 주요 기업을 나타낸 것입니다.

▲ 인터브랜드가 발표한 2023년 한국 브랜드가치 상위기업
(사진: 인터브랜드, 출처: 파이낸셜신문)

01 제시된 기업들이 생산하는 상품은 무엇일까요?

02 자신의 고향 나라에서 가장 큰 기업은 무엇이고, 어떤 상품을 생산하는지 말해 볼까요?

학습목표

1. 대한민국의 기업에 대해 설명할 수 있다.
2. 대한민국에서 근로자에게 보장되는 권리에 대해 설명할 수 있다.

관련 단원 확인하기

영역		제목	관련 내용
기본	경제	29. 취업하기	한국의 일자리 상황, 정부의 일자리 지원
심화	법	19. 직장생활과 법	아르바이트 근로자의 권리, 성희롱 보호, 모성 보호

01 한국에는 어떤 기업들이 있을까?

한국의 기업

시장경제에서 기업은 수많은 제품과 서비스를 생산하여 사회를 풍요롭게 한다. 소비자는 기업이 생산한 제품을 구입하고 기업이 제공하는 서비스를 즐기며 편리하게 생활한다. 근로자는 기업을 통해 일자리를 얻고 자신의 생계를 유지한다.

한국은 반도체, 조선, 자동차, 철강, 기계, 석유화학제품 등과 같은 제조업•과 통신, 인터넷 등과 같은 서비스업이 발달해 있다. 이러한 제품과 서비스는 주로 대기업을 중심으로 생산되지만, 그 과정에서 수많은 중소기업들이 함께 생산에 참여하고 있다.

▶ 2017년 기준 한국 10대 기업의 매출 비중

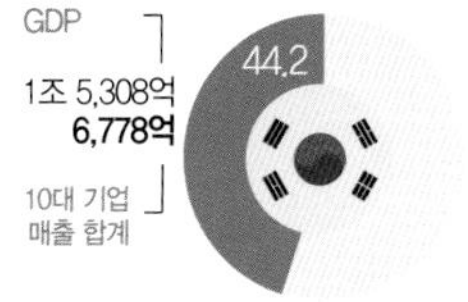

• **제조업**
원료를 가공하여 새로운 제품을 생산하는 산업

한국의 자영업과 프랜차이즈

한국은 자영업•자의 비중이 전체 취업자의 20%를 넘는다. 다른 나라에 비해 그 비중이 높은 이유로는, 자영업은 정년퇴임•이 따로 없기 때문에 계속 일할 수 있고, 일찍 퇴직한 중장년층과 취직에 어려움을 겪는 청년층이 창업•을 많이 한다는 점 등을 꼽을 수 있다. 자영업자들은 주로 음식점, 편의점, 미용업, 통신판매업, 개인병원이나 약국 등의 분야에 많이 종사한다.

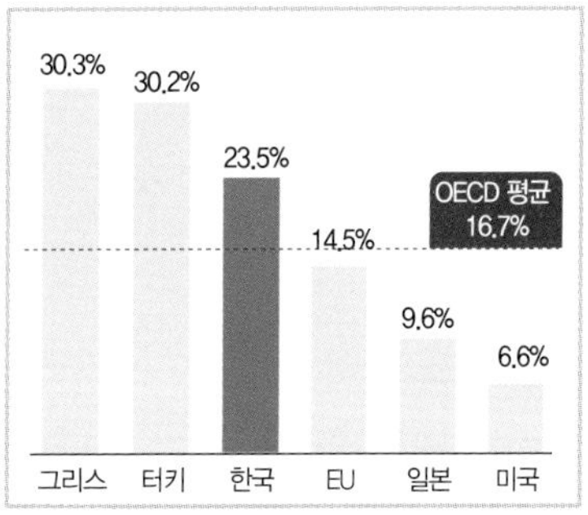

▲ OECD국가별 자영업자 비중
2022년 기준 한국의 자영업자 비중은 23.5%로 OECD기준 8위에 해당함.

자영업은 특히 프랜차이즈 산업과 관계가 깊다. 프랜차이즈는 특정한 상호와 상표, 제품을 개발한 가맹 본부를 중심으로 각 지역의 가맹점•들이 해당 제품을 판매하는 것을 의미한다. 가맹본부는 여러 가맹점에게 영업할 수 있는 권리, 상품, 인테리어, 광고 등의 서비스를 제공하고 일정한 대가를 받는다.

• **자영업**
개인이 다른 사람의 회사에 속하지 않고 스스로 운영하는 사업

• **정년퇴임**
정해진 나이가 되어 직장 일을 그만두고 물러나는 것

• **창업**
사업 아이디어를 내어 직접 회사를 운영하는 것

•**프랜차이즈 사례**

• **가맹점**
프랜차이즈 회사에 가입하여 해당 상품을 판매하면서 그 대가를 지불하는 상점

알아두면 좋아요 치킨집을 통해 보는 한국 자영업의 명암

한국에서는 치킨집이 비교적 쉽게 창업할 수 있는 업종으로 50~60대 직장 은퇴자들에게 인기가 높은 편이다. 2019년 2월 기준 영업 중인 치킨집이 약 8만 7000개에 이르는데 이는 외식 프랜차이즈 가맹점의 21%에 해당한다. 하지만 2018년 6200곳의 치킨집이 창업하는 동안 8000곳 이상이 폐업했다. 한국 사회에서 자영업자들의 경쟁이 치열해지는 상황에서 고용을 늘리기 위한 대책이 요청되고 있다.

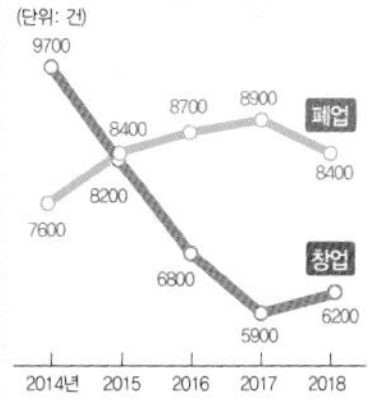

▲ 전국 치킨집 창업·폐업 추이

02 근로자의 근로 여건과 권리는 어떻게 보호할까?

근로자의 근로 여건 보장

한국에서는 근로자의 근로 여건을 보장하기 위해 여러 가지 제도를 마련하고 있다.

첫째, 근로자의 기본적인 생계유지를 위해, 임금으로 받을 수 있는 최소한의 금액을 정해 놓았다(최저임금제•). 둘째, 근로자의 근로 시간을 원칙적으로 1일 8시간, 1주 40시간까지로 정해 놓았다. 추가 근로는 1주에 최대 12시간까지 할 수 있다(주 52시간 근무제). 셋째, 근로자의 임금 받는 방식을 정해 놓았다. 사용자는 근로자에게 월 1회 이상 일정한 날짜에 직접(또는 통장으로) 임금을 주어야 한다. 몇 달 치 임금을 모아서 한꺼번에 주는 방식은 허용되지 않는다. 넷째, 근로자의 휴식을 보장해 놓았다. 1주에 15시간 이상 일하는 근로자는 1주에 평균 1번 이상의 휴일을 쓸 수 있고 그 휴일에 대해서도 임금을 받을 수 있다.

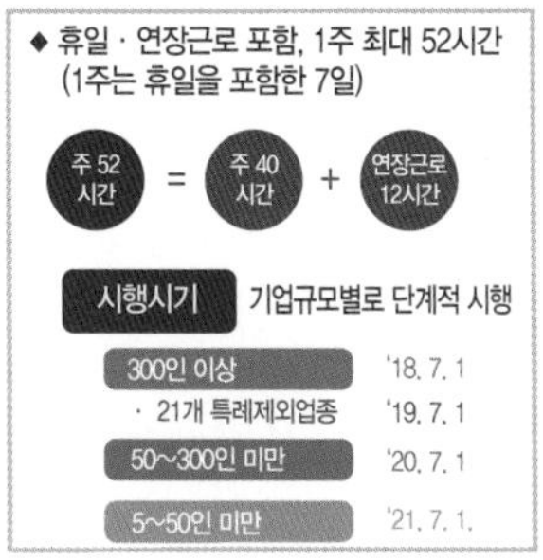

▲ 주 52시간 근무제 개요

• **최저임금제**
일정 금액 이상의 임금을 근로자에게 주도록 하는 제도(2024년 최저임금은 시간당 9,860원)

근로자의 권리 보호

한국에서는 '모든 국민은 근로의 권리를 가진다.'는 헌법 규정에 따라 근로자의 권리 보호를 위해 노력하고 있다. 대표적인 것이 노동 3권이다. 즉, 근로자는 노동조합•을 결성할 수 있는 단결권, 노동조합이 사용자와 근로 조건에 관해 교섭•할 수 있는 단체교섭권, 교섭이 잘 되지 않을 때 쟁의행위•를 할 수 있는 단체행동권을 가진다. 특히 2015년에는 대법원 판결에 의해 불법체류 외국인 근로자가 포함된 노동조합도 합법적으로 설립하여 운영하는 것이 가능해졌다.

근로자들이 직장생활 중 갑작스러운 사고나 어려움에 대비할 수 있도록 사용자는 보험에 가입해야 한다. 산업재해보상보험은 근로 과정에서 근로자가 신체에 피해를 입었을 때 그 피해를 보상해준다. 고용보험은 근로자가 갑자기 직장을 잃었을 때 실업급여를 제공하고 다시 취업할 수 있도록 지원한다. 실업자가 재취업을 위해 노력하는 경우 최소 120일에서 최대 270일까지 실업급여를 받을 수 있다(2024년 3월 기준).

• **노동조합**
근로자의 권리 보호를 목적으로 조직한 단체

• **교섭**
어떤 문제에 대해 서로 의논하고 절충하는 것

• **쟁의행위**
자신의 주장을 이루어내기 위해 본래의 업무를 정상적으로 하지 않는 행위 (파업, 태업 등)

알아두면 좋아요 밀린 임금을 받을 수 있도록 국가가 도와줍니다

한국에서는 사용자가 근로자에게 정해진 날짜에 임금을 주지 않는 경우 근로자가 사업장이 있는 지방고용노동관서를 찾아가거나, 고용노동부 누리집의 민원마당(https://minwon.moel.go.kr/)을 통해 온라인으로 임금 지급을 요구할 수 있다. 특히 임금을 주지 않는 사용자를 상대로 소송을 제기하고 처벌해 달라고 요구할 수 있다. 회사가 파산(재산을 모두 잃고 망하는 것)한 경우에도 국가가 체불 임금(밀린 임금)을 대신 주도록 신청하는 것도 가능하다.

▲ 임금 체불 해결

주요 내용정리

01 한국에는 어떤 기업들이 있을까?

- 시장 경제에서 ( )은 제품과 서비스를 생산하여 사회를 풍요롭게 한다.
- 한국은 ( )을 중심으로 반도체, 조선, 자동차 등 제조업과 통신, 인터넷 등과 같은 서비스업이 발달해 있다. 이러한 제품과 서비스를 생산하는 과정에 수많은 ( )들도 참여하고 있다.
- 한국은 개인이 다른 사람의 회사에 속하지 않고 직접 자신의 사업을 운영하는 ( ) 비중이 다른 나라에 비해 높다.
- ( )는 특정 상호와 상표, 제품, 영업권 등을 가맹점에게 주고 그 대가를 받는 방식을 말한다.

02 근로자의 근로 여건과 권리는 어떻게 보호할까?

- 한국에서는 근로자를 보호하기 위해 근로자가 임금으로 받을 수 있는 최소한의 금액을 정해 놓았다. 이를 ( )라고 한다.
- 근로자의 근로 시간은 원칙적으로 1일 ( ) 시간, 1주 ( ) 시간까지로 정해져 있다. 추가 근로는 1주에 최대 ( ) 시간까지 할 수 있다.
- 한국의 근로자는 노동조합을 결성할 수 있는 ( ), 노동조합이 사용자와 근로 조건에 관해 교섭할 수 있는 ( ), 교섭이 잘되지 않을 때 쟁의 행위를 할 수 있는 ( )을 가지고 있다.
- 사용자는 근로자가 갑작스럽게 퇴직하게 되었을 때 실업급여를 제공할 수 있도록 ( )에 가입해야 한다.

이야기 나누기

한국에서 성공한 비결? 한국인이 좋아하는 레시피를 개발했어요!

네팔 출신 OO씨는 맨몸으로 한국으로 건너와 성공을 거둔 대표적인 인물이다. 그는 네팔 음식 전문점을 운영하고 있는데 음식점 4곳에서 30명을 고용하고 있다. 본점에서 거두는 월 매출액만 1억원에 이를 정도라고 한다. 그는 초기에 어려움이 많았지만 한국인이 좋아하는 레시피를 꾸준히 연구하면서 한국인의 입맛에 맞는 음식을 개발한 것이 성공 비결이었다고 말한다. 그는 이러한 성공을 바탕으로 네팔 근로자들의 한국 적응을 돕고, 현지 봉사활동에도 나서고 있다. 그는 "나와 같은 외국인도 얼마든지 한국에서 성공할 수 있다."라고 자신 있게 말한다.

[출처] 매일경제(2016.03.24.)

★ 한국에서 경제적으로 성공한 이주민의 사례를 더 이야기해 봅시다. 그리고 그 비결이 무엇이었을지에 대해 본인의 생각을 말해 봅시다.

16 대한민국의 경제 국민경제와 국제거래

생각해 봅시다

다음은 한국을 찾은 세계 주요 언론들이 한국에 관해 보도한 내용입니다.

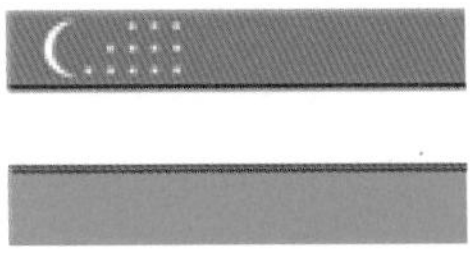

▲ 우즈베키스탄: 한국 사람들은 근면하고 시간을 중요히 여겨... 국민을 위해 존재하는 정부

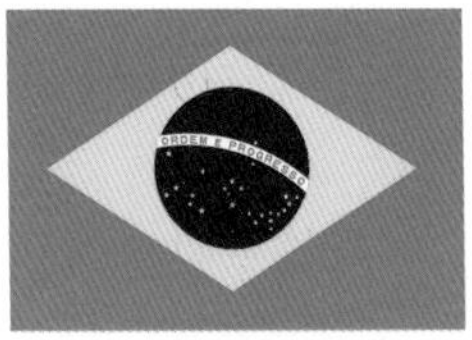

▲ 브라질: 전쟁의 폐허로 신음하던 나라... 교육을 통해 엄청난 잠재력을 가진 국가로 발돋움

▲ 온두라스: 독재에 대한 저항과 사회적 혼란 등 역경 속에서도 발전으로 향하는 고속도로를 벗어나지 않은 한국

▲ 러시아: 한국에서는 전기차 사용량이 늘고 있고... 한국은 그린 에너지에 특별한 의미를 부여

01 해외 언론에서 한국에 대해 주목하는 모습은 무엇일까요?

02 자신의 고향 나라에서 한국에 대해 가장 먼저 떠오르는 모습은 무엇인지 말해 볼까요?

학습목표

1. 대한민국 국민경제의 모습을 설명할 수 있다.
2. 대한민국의 국제거래 모습에 대해 설명할 수 있다.

관련 단원 확인하기

영역		제목	관련 내용
기본	경제	25. 일상생활과 경제 활동	한국의 물가
		26. 경제 성장	한국의 경제 성장, 한국과 세계의 교류

01 한국의 국민경제는 어떤 모습일까?

국민경제의 주체

한 국가에서 재화와 서비스를 생산, 분배, 소비하는 경제 주체로 가계, 기업, 정부가 있다. 가계는 주로 재화와 서비스를 소비하는 역할을 하며, 기업은 생산하는 역할을 담당한다. 가계는 기업에 토지, 노동, 자본을 제공하고 그 대가로 지대•, 임금, 이자를 받는다. 마지막으로 정부는 가계와 기업으로부터 받은 세금으로 국가를 운영한다. 예를 들어 가계나 기업이 생산하지 않는 공공재•나 사회간접자본•을 제공하여 사회 전체의 이익을 추구한다. 이처럼 가계, 기업, 정부가 상호작용을 하면서 국민경제가 안정적으로 유지된다.

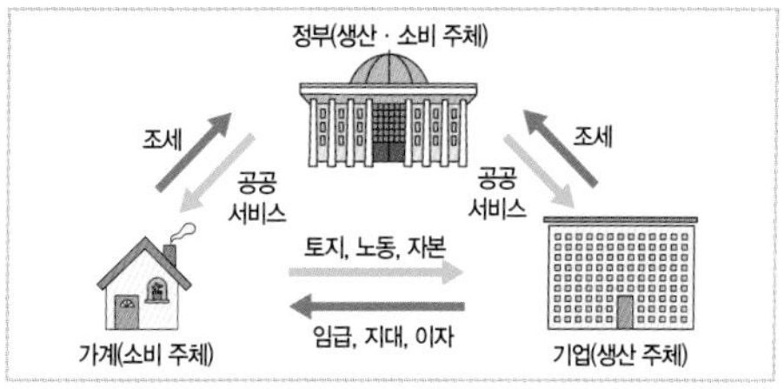

▲ 경제 주체와 국민 경제

• **지대**
토지소유자가 토지를 빌려주고 받는 돈

• **공공재**
국방, 경찰, 소방, 도로 등과 같이 모든 사람들이 공동으로 이용할 수 있는 재화 또는 서비스

• **사회간접자본**
도로, 상하수도, 철도 등 생산활동에 간접적으로 도움을 주는 시설

물가와 실업

국민경제에서는 물가와 고용 안정이 매우 중요하다. 물가가 오르면 돈의 가치가 떨어진다. 이것은 곧 소득이 줄어드는 것과 마찬가지이기 때문에 결국 국민의 생활 수준이 낮아질 수 있다. 한편, 실업률이 오르면 소득이 없는 사람이 많아진다. 이로 인해 소비가 줄어들고 결국 물건을 팔아야 하는 기업의 손해로도 이어진다.

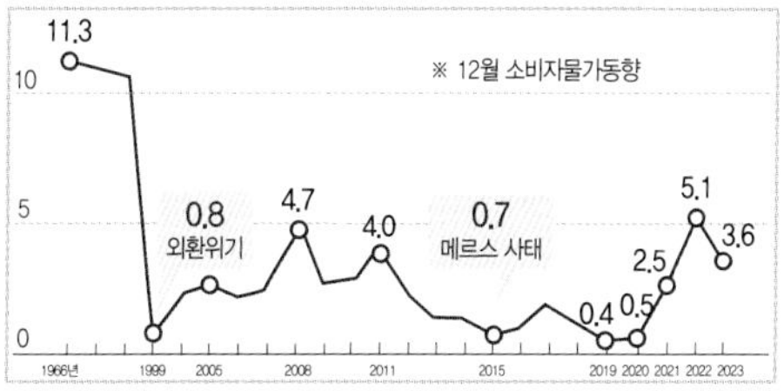

▲ 소비자물가상승률 (통계청(2023))

한국 정부는 물가와 실업률을 낮게 유지하기 위해 노력하고 있다. 1998년 외환위기• 때 7.5%, 2008년 금융위기 때 4.7%까지 올랐던 물가 상승률은 2013년 이후 1%대와 0%대로 유지되었지만, 최근 다시 상승하고 있어 정부에서는 물가 관리에 신경쓰고 있다.

한편, 외환위기 무렵 7%대까지 치솟았던 실업률은 이후 대체로 4% 안팎에서 형성되고 있다. OECD 국가들에 비해 높은 것은 아니지만, 청년 실업률이 10%대 전후로 나타나는 등 실제로 느끼는 실업의 고통은 큰 편이어서 일자리를 늘리는 지속적인 노력이 필요하다.

• **외환위기**
외환시장에서 원화를 싼값에 팔아 버리고 미국 달러에 대한 수요는 급증하면서 원·달러 환율이 급등하는 현상

알아두면 좋아요 물가상승률이 수치보다 높게 느껴져요

물가상승률은 낮아도 시민들이 느끼는 체감 물가는 높을 수 있다. 통계청의 소비자물가는 일상에서 구입하는 상품과 서비스 460종의 가격 변화를 평균해서 반영하지만, 체감 물가는 개인이 자주 접하는 몇몇 품목에 영향을 받기 때문이다. 예를 들어 대중교통을 주로 이용하는 사람은 교통비의 변화를 민감하게 느낄 것이고, 학교에 다니는 자녀가 있는 가정에서는 교육비의 변화에 민감할 수 있다. 정부는 소비자물가가 체감물가를 잘 반영할 수 있도록 지속적으로 품목과 그 비중을 조정하고 있다.

02 한국의 국제거래는 어떻게 이루어지고 있을까?

국제거래를 통해 성장하는 한국 경제

• **수출 주도형 경제 성장 정책**
국내 시장의 구매력이 부족하여 수출을 확대함으로써 경제를 활성화하려는 경제성장 정책

한국은 수출주도형 경제성장정책•을 채택하면서 1960년에 4억 달러에 불과하던 무역액(수출액 + 수입액)이 2018년에는 11,404억 달러에 이르게 되었다. 특히 2018년에는 세계에서 7번째로 연간 수출액 6,000억 달러를 돌파하는 나라가 되었다.

또한, 한국 기업의 해외투자, 한국인 관광객의 해외여행, 해외 기업의 한국 투자, 외국인 관광객의 한국 방문 등도 꾸준히 이루어지고 있다. 이처럼 다양한 국제거래를 통해 한국과 국제사회는 서로 이익을 거둘 수 있다.

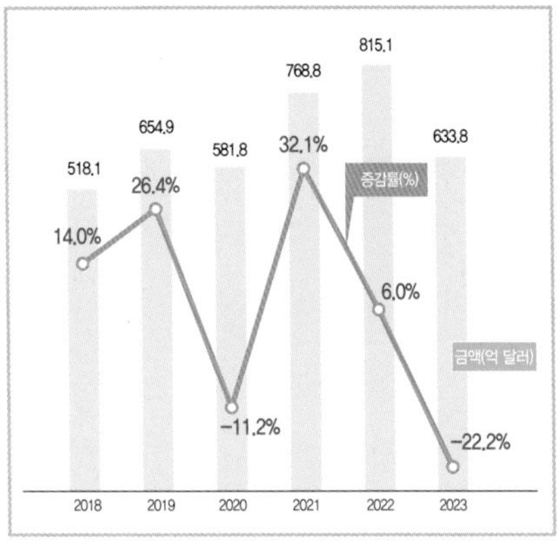

▲ 한국의 해외직접투자 규모 추이(기획재정부(2023))

환율과 국제거래

• **환율**
두 나라의 화폐를 교환하는 비율

국제거래를 할 때는 환율•이 중요하다. 나라마다 다른 화폐를 사용하고 있기 때문에 무역이나 유학, 해외여행 등을 할 때는 그 나라의 화폐 또는 국제사회에서 공통적으로 사용되는 화폐로 교환해야 한다. 그러므로 환율 변동은 한국의 국제거래에 큰 영향을 미친다.

일반적으로 환율이 오르면 한국의 수출에 유리하다. 해외 시장에서 한국 제품의 가격 경쟁력이 높아져 같은 성능의 제품을 좀 더 싸게 팔 수 있기 때문이다. 반면, 외국에서 수입해 오는 상품의 국내 가격은 오를 수 있다. 한편, 환율이 내려가면 수출에 불리하다.

환율 변동은 개인의 삶에도 영향을 준다. 같은 금액의 미국 달러를 해외로 송금하려고 하더라도 환율이 오르면 원래보다 더 많은 한국돈이 필요하다. 한편, 환율이 내려가면 해외여행 등을 할 때 더 적은 한국돈으로 더 많은 미국 달러를 교환할 수 있어서 유리하다.

오늘날 한국과 국제사회의 거래 규모가 점점 더 늘어나고 있으므로 변화하는 환율에 관심을 갖고 경제생활을 하는 것이 바람직하다.

알아두면 좋아요 환전 수수료 줄이기

이주민들이 고국에 방문하거나 돈을 보낼 때 환전을 해야 한다. 이때 환전 수수료를 걱정할 수 있다. 환전을 할 때는 환전 수수료를 우대받을 수 있는 곳에서 하는 것이 좋은데 일반적으로 공항은 수수료가 비싼 편이다. 따라서 주요 은행의 어플을 이용하거나 주거래 은행을 통해 환전하면 수수료 할인혜택을 받을 수 있다. 또한 동남아 등 국가의 화폐로 환전을 할 때는 일반적으로 국내에서 달러로 환전한 뒤 현지에서 해당 국가 화폐로 다시 바꾸는 것이 유리하다.

주요 내용정리

01 한국의 국민경제는 어떤 모습일까?

- 국민경제의 주체인 (　　　)는 주로 재화와 서비스를 소비하는 역할을 하며, (　　　)은 생산하는 역할을 한다. (　　　)는 세금으로 공공재와 사회간접자본을 제공한다.
- (　　　)가 오르면 돈의 가치가 떨어진다. 이것은 곧 소득이 줄어드는 것과 마찬가지이므로 국민의 생활수준이 낮아질 수 있다. (　　　　)이 오르면 소득이 없는 사람이 많아지고 소비가 줄어들 수 있다.

02 한국의 국제거래는 어떻게 이루어지고 있을까?

- 한국은 (　　　)주도형 경제성장정책을 채택하면서 무역액의 규모가 매우 커졌다. 2018년에는 세계에서 7번째로 수출액이 6,000억 달러를 돌파하였다.
- 나라마다 다른 화폐를 사용하고 있기 때문에 무역, 유학, 해외여행 등과 같은 국제거래를 할 때는 (　　　)이 중요하다.
- 환율이 오르면 한국의 (수출, 수입)에 유리하다. 해외 시장에서 한국 제품의 가격 경쟁력이 높아지기 때문이다.
  (맞는 것에 ○ 표시)

이야기 나누기

해외직구 피해를 조심하세요

최근 국제거래가 늘어나면서 각 개인이 해외 온라인 쇼핑몰 등에서 직접 물건을 구입했다가 피해를 입는 사례가 늘어나고 있다. 이런 피해를 막기 위해 가능한 해외 사업자와 거래할 때는 현금보다 신용카드를 사용하는 것이 좋다. 결제 후에 피해가 발생한 경우 신용카드사 차지백 서비스를 이용하면 카드사를 통해 이미 승인된 거래를 취소 요청할 수 있다. 이때 소비자는 주문내역, 사업자와 주고받은 메일 등을 증거자료로 제출하면 환급받을 가능성이 높아진다. 해외 구매와 관련하여 구매대행 관련 피해는 '1372소비자상담센터(국번없이 1372)'에, 직접구매 관련 피해는 '국제거래소비자 포털(http://crossborder.kca.go.kr)'에 도움을 요청할 수 있다.

▲ 신용카드사의 차지백 서비스

★ 해외의 온라인 쇼핑몰을 이용해 물건을 구입한 경험에 대해 이야기해 봅시다.

대단원 정리

한국의 경제 체제	1. 시장경제체제를 기본으로 하는 한국 2. 시장경제체제를 보완하기 위해 노력하는 한국
금융과 자산 관리	1. 은행 이용과 보험 활용 2. 주식/채권/부동산/간접투자상품
기업과 근로자	1. 대기업과 자영업/프랜차이즈 2. 한국에서의 근로 조건과 근로자의 권리
국민경제와 국제 경제	1. 한국의 경제 발전과 주요 경제 지표 2. 한국과 세계의 경제 교류/해외 원조

한국은행 경제교육
https://www.bok.or.kr/

공정거래위원회
http://www.ftc.go.kr/

고용노동부
https://www.moel.go.kr

한국고용정보원
http://www.keis.or.kr/

국가기록원
http://www.archives.go.kr/

ODA KOREA(공적개발원조)
http://www.odakorea.go.kr/

영화로 정리하는 한국 경제의 발전 과정

국제시장 줄거리

1950년 한국전쟁으로 인해 덕수는 여동생과 헤어지고 남쪽으로 피난을 오게 된다. 덕수는 아버지의 유언대로 가족들을 잘 챙기기 위해 온갖 궂은 일을 하며 돈을 벌기 위해 노력한다. 특히 동생의 학비를 벌기 위해 독일로 광부가 되어 떠나기도 하고, 외화를 벌기 위해 베트남으로 떠나는 등 수많은 어려움을 극복해 낸다. 다시 국내로 돌아온 덕수는 국제시장에 자리잡는데…

이러한 덕수의 삶의 과정은 곧 한국의 경제성장 과정을 잘 보여주며 그 속에서 개인들이 겪었던 기쁨과 슬픔을 함께 이해할 수 있다.

1) 한국 전쟁 이후 한국의 경제 상황이 어떠했는지 영화 장면을 통해 이야기해 봅시다.

2) 가난을 극복하기 위해 덕수가 어떤 노력을 했는지 말해 봅시다.

3) 오늘날 한국의 경제성장의 원인이 무엇인지 자신의 생각을 말해 봅시다.

단원 종합 평가

01 다음 자료에 대한 해석으로 가장 적절한 것은?

> 헌법 15조: 모든 국민은 직업 선택의 자유를 가진다.
> 헌법 23조: 모든 국민의 재산권은 보장된다.
> 헌법 119조 1항: 대한민국의 경제 질서는 개인과 기업의 경제상의 자유와 창의를 존중함을 기본으로 한다.

① 계획경제체제이다.
② 개인의 자유로운 선택을 중시한다.
③ 주로 정부의 통제에 따라 경제 문제를 해결한다.
④ 북한이나 쿠바에서 채택하고 있는 헌법과 유사하다.

02 ㉠에 들어갈 용어로 옳은 것은?

> ㉠은 평소에 미리 돈을 내고 사고 등으로 위기에 처했을 때 약속된 돈을 받아 어려움을 해결하는 금융상품을 말한다.

① 대출 ② 예금 ③ 보험 ④ 채권

03 한국에서의 근로 조건 및 근로자의 권리에 대한 옳은 설명을 〈보기〉에서 모두 고른 것은?

〈보기〉

ㄱ. 최저임금제를 통해 근로자의 임금이 너무 낮아지지 않게 한다.
ㄴ. 근로기준법에 따라 기본 근로 시간은 1일 10시간, 1주 50시간으로 규정되어 있다.
ㄷ. 근로자에게는 단결권, 단체 교섭권, 단체 행동권으로 구성되는 노동 삼권이 보장된다.
ㄹ. 고용보험에 따라 취업을 위해 노력하지 않더라도 1년 동안 실업급여를 받을 수 있다.

① ㄱ, ㄷ ② ㄱ, ㄹ ③ ㄴ, ㄷ ④ ㄴ, ㄹ

04 다음 제도들의 공통점으로 가장 적절한 것은?

- 공정거래위원회는 독과점 기업 등의 횡포를 막는다.
- 환경오염을 일으키거나 국민들에게 피해를 주는 기업을 규제한다.
- 국민의 세금으로 공공재를 생산하고 다양한 복지 제도를 마련한다.

① 한국전쟁 후 경제발전을 위한 노력이다.
② 근로자의 권리를 보호하기 위한 제도이다.
③ 시장경제체제의 부작용을 줄이기 위한 노력이다.
④ 안정적인 노후를 보장하기 위한 자산관리 방법이다.

한국의 경제 성장

1950~1960년

▶1950년 한강변 판자촌에서 빨래하고 있는 여인들

▶1951년 국가에서 배급하는 쌀을 받기 위해 줄을 서 있는 사람들

1960~1970년

▶1962년부터 시작된 경제개발5개년계획으로 공업이 발전하기 시작함. 1965년 신탄진 담배공장 준공식 모습

▶정부 정책으로 1963년부터 서독으로 파견되어 석탄을 캐며 외화를 벌어오기 시작한 한국의 광부들

1970~1980년

▶1970년 농촌 환경 개선 지역 사회 개발 사업의 일환으로 시작된 새마을 운동 모습

▶수출주도형 경제를 통해 1977년 100억불 수출을 달성한 기념식 모습

1980~1990년

▶중화학공업의 발전을 보여주는 1987년 삼성 석유화학공장

▶경제성장의 결과로 1988년 서울에서 개최된 올림픽 개막식

1990~2000년

▶1980년대 말부터 시작된 첨단 산업 육성 정책을 보여주는 반도체라인 생산 현장 모습

▶1997년 금융위기 상황에서 국민들이 자발적으로 나섰던 금모으기 운동 모습

2000~2010년

▶첨단기술 연구와 개발에 주력하는 한국

▶2010년 서울에서 열린 G20 정상회의

제 5 편

대한민국의 법질서

17 대한민국의 법질서 가족 문제와 법

생각해 봅시다

다음은 '나'와 관련된 가족과 친척을 나타낸 것입니다.

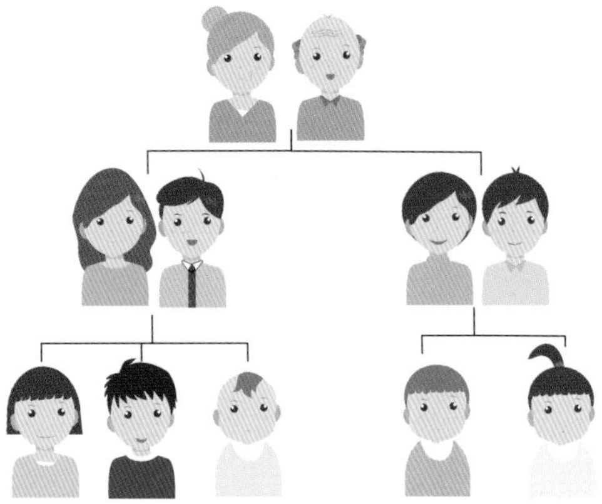

01 현재 본인의 가족에 해당하는 사람을 표시해 볼까요?(그림에 없다면 추가해도 됩니다.)

02 자신이 생각하는 가족의 범위는 어디까지입니까? 그 이유는 무엇입니까?

학습목표

1. 가족관계에서 법의 역할을 설명할 수 있다.
2. 이혼 상황에서의 법적 문제 해결 과정을 설명할 수 있다.

관련 단원 확인하기

영역		제목	관련 내용
기본	법	33. 가족과 법	부부로 인정받기 위한 절차, 부부의 권리와 의무, 가정폭력, 이혼

01 법은 가족관계에 어떤 영향을 줄까?

가족과 친족의 범위

한국에서는 가족의 범위를 법으로 정하고 있다. 법적으로 가족은 배우자, 자신의 부모와 자녀, 형제자매를 포함한다. 자녀의 배우자, 배우자의 부모, 배우자의 형제자매의 경우에도 생계를 함께 하고 있다면 법적인 가족에 포함될 수 있다.

가족보다 넓은 개념으로는 친족이 있다. 법적으로 친족은 8촌 이내의 혈족, 4촌 이내의 인척, 배우자를 가리킨다. 이때 혈족이란 혈연관계•가 있는 사람으로 부모나 조부모, 외조부모, 형제자매를 말한다. 인척은 혼인을 통해 관계를 맺게 된 친족으로 배우자의 가족 등을 말한다. 생계를 함께 하는 친족 간에는 기본적인 부양 의무•가 있고, 재산을 상속•받을 권리가 발생하기도 한다.

• **혈연관계**
같은 핏줄에 의해 맺어진 관계라는 뜻. 보통 부모자녀나 형제자매를 가리킴

• **부양 의무**
기본적인 생계를 보장해야 할 의무

• **상속**
죽은 사람이 물려준 것을 이어받는 것. 보통 재산을 물려받는 것을 뜻함

법률혼, 사실혼, 동거

한국에서는 혼인 신고를 통해 법적 부부로 인정받는데 이것을 법률혼이라고 한다. 이와 달리, 혼인 신고는 하지 않았지만 혼인 의사가 있고 부부나 다름없이 생활하는 경우를 사실혼이라고 한다. 한국에서는 사실혼의 경우에도 서로를 부양하도록 하고 있고 함께 모은 재산을 인정하는 등 법적 권리를 일부 보장한다. 그러나 법률혼과 달리 상대방이 다른 사람과 혼인하더라도 이중 혼인•으로 간주되지 않기 때문에 사실혼 상태인 경우에는 빠른 시일 안에 혼인 신고를 하는 것이 좋다. 함께 살기는 하지만 혼인할 의사가 없는 경우도 있는데 이를 동거•라고 한다. 동거는 부부로 인정되지 않아서 아무런 법적 보호를 받을 수 없다.

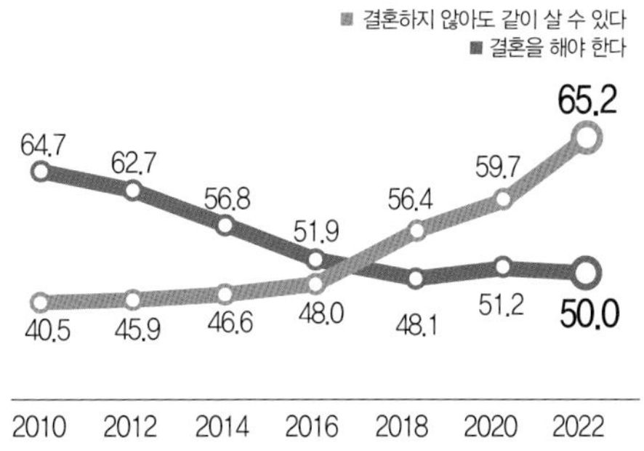

▲ 결혼에 대한 견해(통계청, 사회조사, 2022)

• **이중 혼인**
아내나 남편이 있는 사람이 다른 사람과 다시 혼인하는 것. 중혼이라고도 함

• **동거**
한집이나 한방에 같이 사는 것. 보통 부부가 아닌 남녀가 한집에 사는 것을 의미함

알아두면 좋아요 법률혼과 사실혼은 어떻게 다를까?

	법률혼 배우자	사실혼 배우자
구분 기준	혼인신고를 함	혼인신고를 하지 않음
이혼할 때 재산 나누는 것 신청	가능	가능
이혼할 때 위자료 청구	가능	가능
배우자 사망했을 때 상속	가능	불가능 (예외 있음)
다른 배우자와 결혼하는 것	중혼에 해당하여 금지	중혼에 해당하지 않음
자녀가 태어났을 경우	혼인 중 출생자	혼인 외 출생자

02 이혼과정에서 어떤 법적 보호를 받을 수 있을까?

이혼의 종류

이혼은 부부로서의 관계를 끝내는 것을 말한다. 부부가 모두 이혼에 동의할 경우에는 가정법원에 협의이혼을 신청하면 이혼숙려기간•을 거쳐 최종적으로 의사를 확인한 후 이혼하게 된다. 이혼숙려기간은 일반적으로 1개월이고 미성년인 자녀가 있을 때는 3개월까지 늘어난다. 이와 달리 부부 중 한 쪽이 이혼에 동의하지 않을 때는 가정법원의 재판을 통해 이혼할 수 있다. 이를 재판상 이혼이라고 하는데 법적으로 6가지의 재판상 이혼 사유가 규정되어 있다.

• **이혼숙려기간**
성급한 이혼이나 홧김에 하는 이혼을 막기 위해서, 부부가 이혼을 신청했을 때 다시 한 번 깊이 생각해 보도록 하는 기간

재판상 이혼 사유

1. 배우자가 부정한 행위•를 저지른 경우
2. 부부로서 동거하지 않거나 상대방을 부양하지 않는 경우
3. 배우자나 그의 부모로부터 매우 부당한 대우를 받은 경우
4. 자신의 부모가 배우자로부터 매우 부당한 대우를 받은 경우
5. 배우자가 살았는지 죽었는지 3년이 넘도록 알 수 없는 경우
6. 기타 혼인을 계속하기 어려운 중대한 사유가 있는 경우

• **부정한 행위**
부부가 서로에 대해 성적으로 충실해야 할 의무를 지키지 않는 것

이혼 이후의 법적 권리

부부에게 자녀가 있을 경우에는 이혼 과정에서 자녀의 양육권•, 양육비, 면접교섭권• 등을 미리 의논해야 한다. 합의가 되지 않으면 가정법원에서 결정한다. 자녀의 양육권을 갖게 된 쪽에서는 상대방에게 자녀가 성년이 될 때까지의 양육비를 청구할 수 있다. 자녀를 양육하지 않는 쪽에서는 자녀에 대한 면접교섭권을 행사할 수 있다. 면접교섭권은 양육권을 침해하지 않는 범위에서 허용되며, 자녀의 안전이나 건강을 해칠 우려가 있는 경우에는 제한될 수 있다.

이혼 과정에서는 재산도 중요한 문제가 될 수 있다. 결혼생활 중 상대방과 함께 형성한 재산에 대해 어느 한 쪽이 분할•을 청구할 수 있다. 그리고 이혼에 책임이 있는 배우자는 상대방에게 정신적 고통을 준 대가로 위자료를 지급해야 한다. 재산분할이나 위자료는 일정 기간 내에 청구해야만 받을 수 있으므로 주의가 필요하다.

• **양육권**
미성년 자녀를 양육할 수 있는 권리. 이혼을 하면 부모 중 어느 한 쪽에 주어짐

• **면접교섭권**
이혼으로 자녀와 떨어져 사는 부모가 정기적으로 자녀와 만나거나 통화할 수 있는 법적 권리

• **분할**
나누어 쪼갬

알아두면 좋아요 재판까지 가고 싶지 않다면? 이혼 조정 제도도 있어요

이혼 조정 제도란 재판상 이혼까지 가지 않고 서로 타협을 통해 해결할 수 있는 제도이다. 조정 신청서를 법원에 제출하면 1~2달 안에 날짜가 잡히고 법률전문가의 도움을 받을 수 있다. 조정 역시 판결문을 받게 되며 이에 동의하지 않으면 이의를 제기할 수 있다. 이 경우 소송 절차로 넘어가게 된다. 이혼 조정 제도는 재판에 비해 빠르고 비용이 저렴하다는 장점이 있다.

주요 내용정리

01 법은 가족관계에 어떤 영향을 줄까?

- 한국에서 (　　　)의 법적인 범위에는 배우자, 자신의 부모와 자녀, 형제자매가 포함된다.
- 법적으로 친족은 (　　　) 이내의 혈족, (　　　) 이내의 인척, 배우자로 제한된다.
- 부부가 (　　　　　)를 하면 법적인 부부로 인정받지만 그렇지 않으면 (　　　　)으로 간주되어 법적으로 완전한 보호를 받지는 못한다.

02 이혼 상황에서 어떤 법적 보호를 받을 수 있을까?

- 부부가 모두 이혼에 동의하여 이혼하는 것을 (　　　　　　)이라고 하고, 어느 한쪽이 동의하지 않아 재판을 통해 이혼하는 것을 (　　　　　　)이라고 한다.
- 이혼 후 자녀의 양육권을 갖게 된 쪽에서는 상대방에게 자녀가 성년이 될 때까지 필요한 (　　　　)를 청구할 수 있다.
- 이혼의 책임이 있는 배우자는 상대방에게 정신적 고통을 준 대가로 (　　　　)를 지급해야 한다.

이야기 나누기

가정폭력은 엄연한 범죄!

엄마와 함께 쉼터에 사는 A군(6살)은 갖고 놀던 장난감이 고장 나면 아빠에게 맞는 공포에 시달린다. 알코올 중독자인 아버지에게 계속 폭력을 당한 후유증 때문이다. 2023년 보건복지부에서 발표한 자료에 따르면 2022년 아동학대 신고접수 46,103건 중 아동학대로 판단되는 사례는 27,971건으로 나타났으며, 학대 행위자는 부모가 23,119건으로 82.7%를 차지했다.

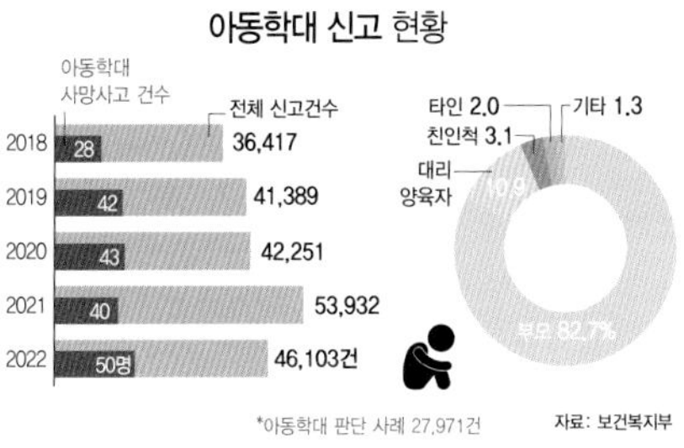

▲ 2022년 아동학대 신고 현황(보건복지부(2023))

드러나지 않는 피해는 훨씬 더 클 것으로 예상되고, 특히 다문화가정의 경우 언어소통이나 경제적·문화적 갈등과 겹쳐 가정폭력 사례가 많을 것으로 예상된다.
가정폭력이 발생하면 112 또는 1366(여성긴급전화)으로 신고할 수 있다. 1577-1366(다누리 콜센터)은 이주민 여성을 위한 긴급전화이다. 당장 피해를 신고하지 않더라도 가정폭력이 발생했다면 폭행이 발생한 날짜와 시간, 장소, 내용 등을 기록해 두는 것이 좋다.

★ 가정폭력 중 가장 심각한 것은 무엇이라고 생각하는지, 가정폭력을 막기 위해 어떤 노력이 필요한지 이야기해 봅시다.

18 대한민국의 법질서 재산 문제와 법

생각해 봅시다

다음은 유언장의 모습입니다.

유 언 장

나 홍길동이 죽으면 다음과 같이 해주길 바란다.

첫째, 부동산 A는 장남에게 상속한다.
둘째, 은행에 예금된 돈 3,000만원은 둘째에게 상속한다.
셋째, 부동산 B는 아내에게 준다.

작성일 2019년 3월 18일
서울시 영등포구 여의나루로 000

유언자 홍 길 동 (인)

01 왼쪽의 유언장에 어떤 요소들이 포함되어 있는지 말해 볼까요?

02 자신이 유언을 한다면 유언장에 꼭 담고 싶은 내용이 무엇인지 말해 볼까요?
(재산 관련 사항 포함)

학습목표

1. 상속과 관련된 법적 문제 해결 과정을 설명할 수 있다.
2. 법을 통한 재산 분쟁 해결 과정을 설명할 수 있다.

관련 단원 확인하기

영역		제목	관련 내용
기본	법	34. 재산과 법	계약, 계약을 증명하는 서류, 부동산과 등기부 등본, 부동산 거래 과정

01 상속 상황에서 법은 어떤 역할을 할까?

죽음과 유언

사람이 죽으면 법적인 절차에 따라 처리해야 한다. 일반적인 사망의 경우 의사가 사망 원인을 확인하여 사망 진단서•를 발급해 준다. 장례를 마치고 나면 30일 이내에 유족이 사망 진단서를 가지고 구청이나 행정복지센터(주민센터) 등에 가서 사망신고를 해야 한다. 특별한 이유 없이 신고하지 않으면 5만원의 과태료를 낼 수 있다.

• **사망 진단서**
사망 사실과 사망 사유 등에 대해 적은 서류

죽음을 앞둔 사람이 자신의 뜻을 남기는 것을 유언이라고 한다. 유언은 일정한 형식을 갖추어야 법적으로 인정된다. 유언하는 사람의 유언 내용, 주소, 날짜 등을 포함해야 하며, 도장을 찍거나 녹음을 하고 이를 증명하는 사람이 있어야 한다.

상속

고인•이 남긴 재산(빚 포함)을 물려받는 것을 상속이라고 한다. 상속받는 금액은 유언에 따라 결정된다. 유언이 없는 경우에는 법에 정해진 순위와 비율에 따라 상속받는다. 상속 순위는 다음과 같다.

• **고인**
죽은 사람

제 1순위: 사망한 사람의 자녀, 손자, 손녀 등 (직계비속), 배우자
제 2순위: 사망한 사람의 부모, 조부모 등 (직계존속)
제 3순위: 사망한 사람의 형제자매
제 4순위: 사망한 사람의 4촌 이내 조카 등 (방계혈족)
* 사망한 사람의 배우자는 1순위 또는 2순위의 사람이 상속인이 될 때 공동 상속인이 되며,
1순위와 2순위가 없을 경우 단독 상속인이 됨

상속은 순위가 앞선 사람이 받으며, 같은 순위의 사람이 여러 명일 경우 똑같이 나누어 받게 된다. 다만, 고인의 배우자가 고인의 자녀와 공동으로 상속받는 경우에는 자녀가 받는 재산의 1.5배를 상속받는다. 예를 들어 고인에게 배우자와 아들 1명, 딸 1명이 있는 경우 재산은 1.5(배우자) : 1(아들) : 1(딸)의 비율로 나누게 된다.

알아두면 좋아요 유언은 꼭 법에서 정한 형식을 지켜야 해요

아버지가 죽고나서 남긴 재산을 두고 김씨는 새어머니와 이복남매를 상대로 상속재산분할청구소송을 제기했다. 이 재판에서 핵심쟁점은 죽은 아버지가 남긴 유언의 효력이었다. 재판부는 최종적으로 "유언의 내용과 작성 연월일, 주소, 성명, 날인 중 하나라도 빠진 유언은 무효"라고 판정했다. 이처럼 한국에서는 유언이 효력을 발휘하기 위해서는 반드시 법에서 정한 형식을 지켜야 한다.

자필 유언장, 효력 인정받으려면
- 내용은 자유롭게 쓸 수 있다.
- 전부 자필로 기재해야 한다.
- 연월일, 주소, 성명, 날인 모두 써야 한다.
- 번지수를 포함한 세부 주소까지 적어야 한다.
- 내용을 수정할 때는 자필로 고치고 날인해야 한다.

02 재산 관련 분쟁은 어떻게 법으로 해결할까?

법을 통해 재산 관련 분쟁 해결하기

개인들 간에 돈을 빌려주었다가 상대방이 제때 갚지 않아 어려움을 겪을 수도 있다. 만약, 상대방이 재산이 있는데도 갚지 않을 가능성이 있다면, 법원을 통해 가압류•나 가처분• 신청을 해둘 필요가 있다. 이를 통해 돈을 갚아야 할 사람이 자신의 재산이나 권리를 마음대로 처분하지 못하게 할 수 있다.

부동산 임대차 계약 기간이 끝난 후 집주인이 보증금을 돌려주지 않아 어려움을 겪는 경우도 있다. 집주인으로부터 보증금을 돌려받지 못한 상황에서 이사를 가야할 때는 법원에 임차권 등기명령•을 신청하면 된다. 임차권 등기명령을 하면 등기부에 등록이 되어 해당 부동산을 처리하게 될 때 보증금을 우선적으로 돌려받을 수 있다.

만약 상대방이 돈을 제때 갚지 않아 피해를 입게 되었다면 손해배상을 청구할 수 있다.

• **가압류**
법원이 나중에 강제 집행하기 위해 재산을 임시로 확보하는 일

• **가처분**
권리관계 등의 보전을 위해 임시로 처분하는 것

• **임차권 등기명령**
임차인이 임대차 기간이 만료되었음에도 보증금을 돌려받지 못하고 이사해야 할 경우 법원에 신청하여 해당 부동산에 대한 우선적인 권리를 보장받는 제도

내용증명 활용하기

법적 분쟁 상황에서는 자신이 상대방에게 했던 의사표시•를 증명해야 할 필요가 있다. 이때 내용증명 제도를 활용하면 좋다. 이것은 다른 사람과의 분쟁에 대비하여 우체국을 통해 상대방에게 언제, 어떤 내용을 발송했는지를 증명하는 제도이다. 예를 들어 임대인•이 임차인•에게 밀린 임차료• 지급을 요청하면서 내용증명을 하면 나중에 자신이 임차료 지급을 요청했음을 법적으로 증명하는 데 도움을 받을 수 있다.

내용증명을 할 때는 동일한 내용의 편지를 3부 작성해서 우체국에 요청하면 되는데 한 통은 보내는 사람, 한 통은 받는 사람, 한 통은 우체국에서 보관한다. 최근에는 인터넷 우체국을 통한 내용증명도 가능하다.

• **의사표시**
일정한 법적 효과가 발생하기를 원한다는 의사를 외부에 드러내는 것

• **임대인**
건물 등을 빌려주는 사람

• **임차인**
건물 등을 빌려 쓰는 사람

• **임차료**
건물 등을 빌려 쓰는 대가로 내는 돈

알아두면 좋아요 소액사건 심판제도 이해하기

A씨는 방학 동안 공장에서 아르바이트를 했으나 사장이 제때 임금을 주지 않아 소송을 하려고 한다. 하지만 적은 금액으로 소송을 하는 것이 복잡하여 어떻게 해야 할지 고민하고 있었다. 이렇게 실제로 분쟁이 되는 금액이 적은 경우에는 절차가 복잡하고 상당한 돈이 드는 재판을 하는 것이 부담스러울 수 있다. 한국에서는 금액이 3천만 원 미만인 사건을 신속하게 처리할 수 있도록 소액사건 심판 제도를 마련해 두고 있다. 소액사건 심판제도를 이용하려면 소송 관련 서류와 도장 등을 준비하여 법원 소장접수 담당사무관에게 제출하고 면전에서 진술하여 조서를 작성할 수 있다. 또는 관할지방법원 또는 법원 민원실에서 양식을 교부받아 직접 소장을 작성하여 제출하는 것도 가능하다.

주요 내용정리

01 상속 상황에서 법은 어떤 역할을 할까?

- 사람이 죽으면 의사가 발급해 주는 사망 진단서를 가지고 유족 중 한 명이 (   ) 이내에 구청이나 행정복지센터에 (   )를 해야 한다.
- 죽음을 앞둔 사람이 자신의 뜻을 남기는 것을 (   )이라고 한다. 유언은 일정한 형식을 갖추어야 법적으로 인정된다.
- 고인이 남긴 재산이나 빚을 물려 받는 것을 (   )이라고 한다. 고인의 배우자가 자녀와 공동으로 상속받는 경우 배우자는 자녀의 (   )배를 받는다.

02 재산 관련 분쟁은 어떻게 법으로 해결할까?

- 돈을 빌려간 상대방이 재산이 있는데도 갚지 않을 가능성이 있다면 법원을 통해 (   )나 가처분 신청을 해둘 필요가 있다.
- 임대차 계약 기간이 끝난 후 보증금을 받지 못한 상황에서 이사를 가야할 때는 법원에 (   )을 신청하면 권리를 보장받는 데 도움이 된다.
- 상대방과 재산 관련 분쟁이 생겨 피해를 입게 되었다면 (   ) 소송을 통해 재판으로 해결할 수 있다.
- 법적 분쟁 상황에서는 자신이 상대방에게 했던 의사표시를 증명해 두는 것이 좋다. 이때 사용하는 방법이 우체국을 통한 (   )이다.

이야기 나누기

유언장에는 없어도, 가족이라면 상속받을 수 있다

A씨는 죽음을 얼마 남기지 않은 상황에서 자신의 재산인 시가 6억원의 아파트를 자신의 연인에게 주겠다고 유언을 남겼다. 문제는 평소 A씨를 지극히 간호하고 부양해 온 가족들에게는 아무런 재산을 남기지 않은 것이다. 물론 고인인 A씨의 의사를 존중하는 것도 중요하다. 하지만 이렇게 유언자의 뜻대로만 재산을 처분할 경우 남은 가족의 생활이 어려워질 가능성이 있다. 이런 문제 때문에 한국에서는 A씨의 가족과 같은 상속인이 유산에서 받을 수 있는 일정 비율의 몫을 법으로 정해두고 있다. 예를 들면, 고인의 자녀와 배우자는 법으로 정해진 상속분의 절반을, 고인의 부모와 형제자매는 법으로 정해진 상속분의 3분의 1을 받을 수 있다.

★ 이처럼 고인이 유언에서 가족들에게 줄 몫을 남겨두지 않으면 어떤 문제가 발생할 수 있을지 이야기해 봅시다.

19 대한민국의 법질서 직장생활과 법

생각해 봅시다

다음은 아르바이트를 하는 모습을 나타낸 것입니다.

01 각 그림에 나타난 아르바이트에서 어떤 점이 힘들지 말해 볼까요?

02 자신이나 자신의 자녀가 아르바이트를 하게 된다면 어떤 환경에서 일하면 좋을지 말해 볼까요?

학습목표

1. 비정규직 근로자의 권리를 보호하기 위한 법을 설명할 수 있다.
2. 안전한 직장 생활을 위해 근로자를 보호하는 법을 설명할 수 있다.

관련 단원 확인하기

영역		제목	관련 내용
기본	경제	29. 취업하기	취업할 때 챙겨야 할 것
심화	경제	15. 기업과 근로자	한국에서의 근로 조건, 근로자의 권리

01 비정규직 근로자는 어떻게 보호받을까?

비정규직 근로자의 상황

근로자는 크게 정규직• 근로자와 비정규직 근로자로 구분된다. 일반적으로 정규직과 달리 비정규직 근로자는 고용 기간이 짧다. 계약 기간이 정해져 있는 기간제 근로자, 근로 시간이 1일 8시간, 1주 40시간보다 짧은 단시간• 근로자 등이 여기에 해당한다. 단시간 근로는 흔히 아르바이트라고도 불린다.

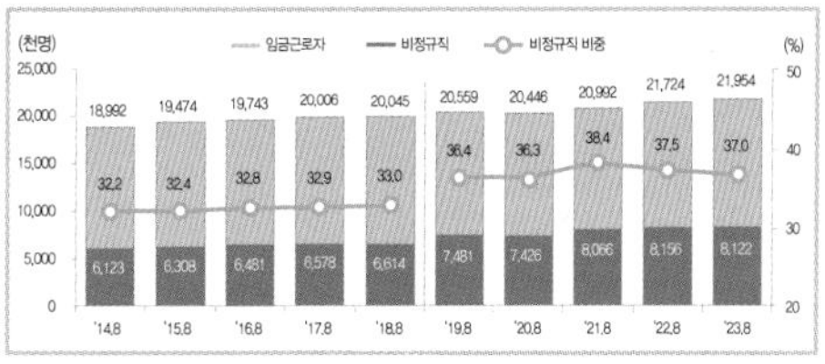

▲ 비정규직 근로자 추이(통계청(2023년 8월))

• **정규직**
정년까지 일할 수 있도록 보장하는 고용 형태

• **단시간**
짧은 시간

비정규직 근로자는 짧은 고용 기간 때문에 불안감을 느낄 수 있고 임금 수준이 정규직에 비해 상대적으로 낮아 경제적으로도 불리한 위치에 있다. 2023년 8월 발표에 따르면 비정규직 근로자의 수는 812만 2,000명으로 전체 임금 근로자의 37%에 이른다.

비정규직 근로자에 대한 불리한 대우 금지

한국은 비정규직 보호법에 따라 비정규직 근로자의 권리를 보호하고 있다. 우선, 비정규직 근로자는 임금, 근로 조건, 복지 등의 측면에서 합리적인 이유 없이 부당한 차별을 받지 않아야 한다. 이에 따라 사업주는 비정규직 근로자와 근로계약서를 작성해야 하고 최저임금 이상의 임금을 지급해야 한다. 사업주가 이를 어길 경우 근로자는 사업주를 감독 기관에 신고할 수 있으며 이를 이유로 해고되거나 불리한 대우를 받지 않는다. 또한, 1주 근로시간이 15시간 이상인 단시간 근로자는 퇴직금을 받을 수 있다. 특히 1년 동안 80% 이상 출근한 근로자의 경우 연차휴가•를 받을 수 있으며, 그 이하로 근무한 근로자도 1개월을 개근•할 경우 1일의 유급휴가•를 받을 수 있다.

• **연차휴가**
해마다 근로자에게 주도록 정해진 유급 휴가. 1년 동안 80% 이상 출근한 근로자에게 15일을 주게 되어 있음.

• **개근**
하루도 빠짐없이 출근함

• **유급휴가**
임금을 받으면서 사용하는 휴가 (반대말은 무급휴가)

알아두면 좋아요 콜센터에 전화하면 들을 수 있는 말

"2018년 10월 18일부터 산업안전보건법에 의해 고객 응대 근로자 보호조치를 실시하고 있습니다. 상담사도 누군가의 가족입니다. 고객 응대 근로자에게 폭언, 폭행 등을 하지 말아 주세요."

콜센터에 전화를 하면 위와 같은 말을 들을 수 있다. 고객 응대 근로자는 '감정 노동'을 하는 근로자로 알려져 있다. 감정 노동이란 사람을 대하는 과정에서 자신의 감정을 절제할 것이 요구되는 근로 형태를 말한다. 콜센터, 백화점 등에서 감정 노동을 하는 근로자를 많이 접할 수 있다. 이들이 일부 고객으로부터 폭언이나 폭행을 당하는 경우를 막기 위해 한국에서는 법을 만들어 보호하고 있다. 근로자가 고객의 폭언으로 정신적 피해를 당했을 경우 사업주에게 업무를 중단시켜 달라고 요구할 수 있다.

02 안전한 직장 생활을 위한 법에는 어떤 것이 있을까?

직장 성희롱으로부터 보호

• **수치심**
부끄럽게 여기는 마음

• **혐오감**
어떠한 것을 다양한 이유로 싫어하고 미워하여 기피하는 마음

• **고충처리기관**
직장 내에서 근로자의 어려움이나 분쟁 등을 해결하기 위해 설치한 기관

▶ 여성폭력 관련 상담·지원 서비스
여성긴급전화 1366

직장에서 근로자에게 성적인 말이나 행동을 하여 성적 수치심• 이나 혐오감•을 느끼게 하는 것을 직장 성희롱이라고 한다. 회식 자리에서 신체적 접촉을 하거나 불쾌한 성적 농담을 하는 경우, 성적 불쾌감을 느끼게 하는 모습이나 사진을 보여주는 경우 등이 여기에 해당한다. 이러한 행위는 모두 범죄이므로 법적 처벌을 받게 된다. 성희롱의 가해자와 피해자는 여성과 남성 근로자 모두가 될 수 있다.

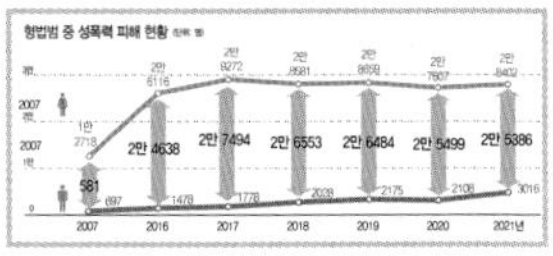
▲ 형법범 중 성폭력 피해 현황
- 한국여성정책연구원 2022년 자료

직장 성희롱을 당한 경우에는 거부 의사를 분명히 밝히고 그러한 행위를 중단하라고 요청해야 한다. 그럼에도 문제가 해결되지 않으면 회사에 있는 고충처리기관•에 신고해야 한다. 그 이후에는 고용노동부나 국가인권위원회에 신고하여 문제를 해결할 수 있다. 또한 민사재판을 통해 자신의 고통에 대한 손해배상도 청구할 수 있다.

모성 보호

• **장려**
권하고 격려함

• **모성 보호**
임신과 출산 등 여성이 생물학적으로 지니고 있는 고유한 기능이나 성질을 보호하는 것

• **무급**
임금을 지급하지 않음

• **수유**
아이에게 젖을 먹이는 것

한국에서는 출산과 양육을 장려•하기 위해 모성 보호•를 위한 법을 시행하고 있다. 생리 중인 여성 근로자는 미리 신청하면 월 1일의 '생리휴가'를 무급•으로 사용할 수 있다. 임신한 근로자는 위험한 일을 맡지 않아야 하며, 임신 후 12주 이내 또는 36주 이후에는 1일 2시간씩 근로시간을 단축할 수 있다. 또한 임신한 근로자는 출산 전후로 90일의 휴가를 사용할 수 있다. 12개월 미만의 유아가 있는 여성 근로자는 1일 2회 각각 30분 이상의 유급 수유• 시간을 가질 수 있다. 한편, 아내가 출산한 경우 남성 근로자도 10일의 휴가를 쓸 수 있다.

알아두면 좋아요 육아를 위해 아빠, 엄마 모두 휴직할 수 있다.

한국에서는 근로자가 8세 이하 또는 초등학교 2학년 이하의 자녀를 양육하기 위해 최대 1년 동안 휴직할 수 있다. 자녀 1명당 1년 사용이 가능하며, 부모가 맞벌이를 하는 경우 아빠와 엄마가 각각 1년씩 휴직할 수 있다. 육아휴직 기간 동안은 육아휴직 급여를 지급한다. 첫 3개월은 통상적인 월급의 80%(최고 150만원, 최소 70만원), 나머지 기간(최대 9개월)은 통상적인 월급의 50%(최고 120만원, 최소 70만원)를 받을 수 있다.

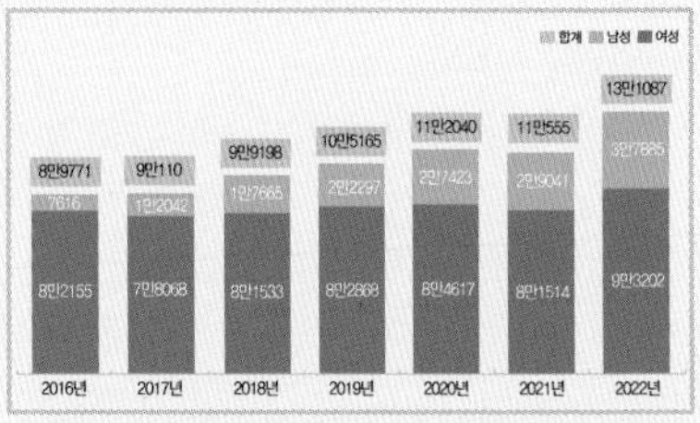

▲ 남성 육아휴직자 수의 증가 현황(고용노동부, 2023)

주요 내용정리

01 비정규직 근로자는 어떻게 보호받을까?

- 정규직과 달리 비정규직 근로자는 고용 기간이 짧다. 계약 기간이 정해져 있는 (　　　　) 근로자, 근로 시간이 1일 8시간, 1주 40시간보다 짧은 (　　　　) 근로자 등이 여기에 해당한다.
- 비정규직 보호법에 따라 비정규직 근로자는 임금, 근로 조건, 복지 등의 측면에서 합리적인 이유 없이 부당한 (　　　)을 받지 않아야 한다.
- 사업주는 비정규직 근로자와 (　　　　　　)를 작성해야 하고 최저임금 이상의 임금을 지급해야 한다.

02 안전한 직장 생활을 위한 법에는 어떤 것이 있을까?

- 직장에서 근로자에게 성적인 말이나 행동을 하여 성적 수치심이나 혐오감을 느끼게 하는 것을 (　　　　　　)이라고 한다. 이러한 행위는 범죄이므로 법적 처벌을 받는다.
- 직장 내 성희롱을 당한 경우 회사 내 고충처리기관에 신고해야 하며, 문제가 해결되지 않으면 고용노동부나 (　　　　　　　)를 통해 문제를 해결할 수 있다.
- 임신한 근로자는 위험한 일을 맡지 않아야 하며 출산 전후로 (　　　)의 휴가를 사용할 수 있다. 아내가 출산한 경우 남성 근로자도 10일의 휴가를 쓸 수 있다.

이야기 나누기

성희롱 예방을 위한 노력이 필요해요~

2019년 고용노동부 자료에 따르면 '직장 내 성희롱 신고 건수'는 2015년 522건에서 2018년에는 1,349건으로 크게 늘어났다. 이런 문제를 막기 위해 남녀고용평등법에서는 모든 사업장에서 직장 내 성희롱을 예방하기 위한 교육을 매년 1회 이상 실시하도록 하고 있다. 하지만 이를 어기는 사업장 비중 역시 2015년 27.9%에서 2018년에는 40.2%로 크게 증가했다. 특히 2018년 국가인권위원회는 고용노동부와 여성가족부 장관에게 여성을 성희롱과 성폭력으로부터 보호하기 위한 제도를 개선할 것을 권고하였다.

"제가 싫다는데도 직장 상사가 애인하자, 사귀자고 자꾸 말하네요."

휴게 시간에 야한 동영상을 보면서 이상한 눈길로 쳐다 봐요.

고용주가 방이 없다고 남성과 같은 휴게실을 쓰라고 해요.

★ 한국이나 자신의 고향 나라에서 있었던 직장 성희롱 사례와 이를 예방하기 위해 어떤 노력이 필요한지 말해 봅시다.

20 대한민국의 법질서 범죄와 법

생각해 봅시다

다음은 최근 한국의 음주운전 관련 법률 제정의 배경입니다.

2018년 만취 운전자가 몰던 차량에 치여 사망한 22세 청년의 이름을 따서 제정된 윤창호 법이 2019년 더 강화되었다. 개정된 법에 따르면 통상 소주 1잔만 마셔도 면허가 정지될 수 있으며, 심한 정도에 따라 5년까지도 감옥에 갇힐 수 있다.

01 한국에서 음주운전에 대해 단속을 받거나 단속하는 장면을 보았을 때 어떤 생각이 들었는지 말해 볼까요?

02 자신의 고향 나라에서는 음주운전에 대해 어떤 처벌을 하는지 그 정도는 적절한지 말해 볼까요?

학습목표

1. 범죄와 형벌에 대한 법적 내용을 설명할 수 있다.
2. 인권을 보장하는 형사재판 과정에 대해 설명할 수 있다.

관련 단원 확인하기

영역		제목	관련 내용
기본	법	36. 범죄와 법	형법의 의미, 죄형 법정주의, 법집행기관, 경찰, 검찰

01 범죄와 형벌에는 어떤 것이 있을까?

범죄의 종류

범죄는 형법에 규정된 금지된 행위를 말한다. 범죄 중 비교적 가벼운 위법 행위를 경범죄라고 한다. 무임승차, 무전취식•, 새치기, 오물방치, 금연장소에서의 흡연 등이 대표적인 경범죄이다.

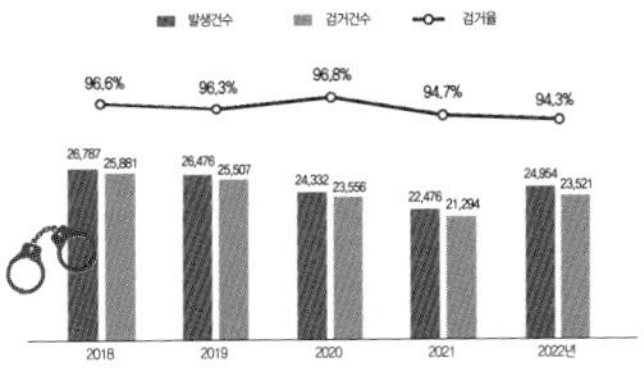

▲ 연도별 강력범죄 검거 현황(경찰청(2022))

한국에서는 경범죄와 대비되는 별도의 중범죄가 규정되어 있지는 않다. 하지만 일반적으로 살인이나 강도, 강간• 등 피해자에게 커다란 신체적, 정신적, 물질적 피해를 주는 심각한 위법 행위는 법적으로 보다 큰 처벌을 받게 된다. 특히 한국에서는 특정범죄가중처벌법•이라고 하여 형법, 관세법, 마약법 등에서 많은 사람에게 피해를 줄 수 있는 범죄 행위에 대해 가중 처벌을 규정하고 있다. 예를 들어 그냥 교통사고를 낸 것에 비해 어린이 보호구역에서 과속으로 사고를 내거나 사고를 내고 도망을 간 경우 더 무거운 죄를 지은 것으로 처벌받게 된다.

• 무전취식
돈을 내지 않고 밥을 먹는 것

• 강간
폭행, 협박 등 강제로 상대방과 성행위를 하는 것

• 특정범죄가중처벌법
비슷한 범죄가 자주 발생할 것으로 예상되거나 기존의 처벌이 약한 경우 더욱 강력하게 대처하여 사회질서를 유지하기 위해 만든 법

형벌의 종류

형벌은 범죄를 저지른 사람에 대해 그의 책임을 인정하여 부과하는 처분을 말한다. 범죄에 따른 형벌의 내용은 형법에 규정되어 있는데 크게 생명형, 자유형, 재산형, 자격형으로 나눌 수 있다.

형벌	내용
생명형	생명을 박탈하는 형벌. 흔히 사형•이라고 함
자유형	일정 기간 교도소에 갇혀 있도록 하여 자유를 빼앗는 형벌. 징역형의 경우 교도소에 있는 동안 노역•을 해야 함
재산형	재산의 일부를 빼앗는 형벌. 일정한 재산을 납부하게 하는 벌금형이나 범죄 행위와 관련된 물건을 빼앗는 몰수 등이 있음
자격형 (명예형)	명예나 자격을 박탈하는 형벌. 형을 선고•받은 후 공무원이 될 수 있는 자격 등이 정지되거나 상실되기도 함

• 사형
사람의 생명을 빼앗는 형벌로 보통 극악무도한 범죄에 적용됨. 한국은 1997년 마지막 사형 집행 후 현재까지 사형을 집행하지 않아 실질적 사형폐지국에 해당함

• 노역
힘들게 일하는 것

• 선고
재판정에서 판결 내용을 알리는 것

알아두면 좋아요 마약 관련 범죄는 강력한 처벌을 받아요.

마약은 개인의 삶을 파괴할 뿐만 아니라 사회적으로 많은 범죄를 낳기도 한다. 이 때문에 한국에서는 마약관리법에 따라 마약을 투약하거나 만들거나 사고파는 행위는 물론이고 단순히 가지고 있거나 운반하기만 해도 징역 등으로 강력하게 처벌하고 있다. 마약을 사기 위해 직접 돈을 주지 않고 송금만 한 사람도 처벌받은 사례가 있다. 특히, 외국인은 한국의 마약 관련 법 규정이 자신의 고향 나라와 다를 수 있다는 점에 유의해야 한다. 외국인이 한국에서 마약 관련 법을 위반하면 형사 처벌을 받은 후 해외로 추방되고 영구적으로 입국이 금지될 수도 있다.

02 형사재판 과정에서 법은 어떤 역할을 할까?

형사재판의 과정

범죄가 발생하거나 발생한 것으로 판단되면 경찰이나 검찰에서 수사에 들어간다. 일반적으로 경찰에서 피의자•를 조사하여 검찰에 넘기면 검찰은 수사 결과를 보고 사건을 재판에 넘길지를 결정한다. 검사가 법원에 재판을 요청하는 것을 기소라고 하는데, 기소된 피의자는 피고인으로 불린다.

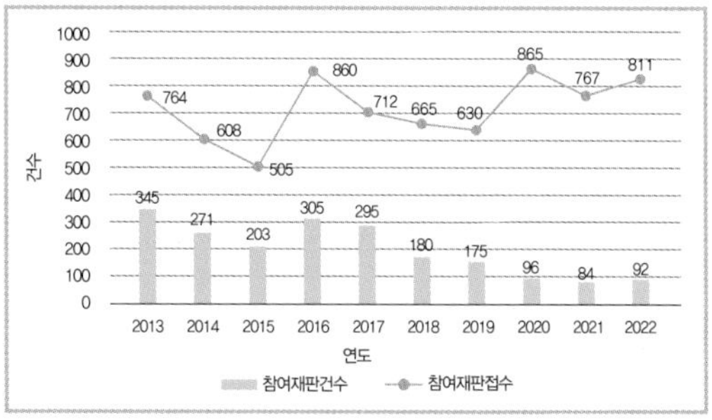

• 피의자
범죄의 혐의가 있다고 조사를 받고 있으나 아직 기소가 되지 않은 사람

형사재판에서 검사는 피고인의 유죄를 주장하고 피고인은 변호인의 도움을 얻어 자신을 변호한다. 판사는 양측의 입장을 듣고 피고인의 유죄 또는 무죄를 결정한다. 만약 유죄일 경우 양형• 수준을 결정한다. 유죄 판결이 확정되면 형을 집행하게 된다. 한국에서는 2008년부터 일반 시민이 배심원•으로 참여하여 형사재판 판결에 의견을 제시하는 국민참여재판 제도가 시행되고 있다.

• 양형
형벌의 정도를 헤아림

• 배심원
국민참여재판에서 유무죄에 대한 의견을 제시하는 사람. 사건에 따라 5~9명으로 구성되며 무작위로 선정된 후보자들에게 통지서를 보내고 그에 대한 답변을 법원이 판단하여 결정함

형사재판 과정에서의 권리 보장

한국에서는 형사재판 진행 과정에서 피의자나 피고인의 권리를 보장하고 있다. 먼저, 누구나 유죄 판결이 확정되기 전까지는 무죄로 여겨져야 한다. 이를 무죄추정의 원칙이라고 한다. 체포나 구속•, 압수•, 수색 등을 할 때는 마음대로 할 수 없고 반드시 판사의 영장•을 받아야 하는데 이를 영장주의라고 한다. 피의자는 체포나 구속이 부당하다고 생각될 때 법원에 다시 심사해 달라고 요청할 수도 있다. 또한 모든 국민은 체포 또는 구속이 될 경우 변호인의 도움을 받을 수 있다.

피고인을 수사하는 과정에서 유죄를 밝히기 위해 고문을 하는 것은 어떤 경우에도 허용되지 않는다. 고문이나 협박, 폭행 등을 통해 피고인으로부터 받아낸 자백•은 재판에서 증거로 인정되지 않는다.

• 구속
범죄로 의심받는 사람이 도망치거나 증거를 없애지 못하게 신체의 자유를 제한하는 것

• 압수
범죄에 사용된 물건 등을 강제로 빼앗는 것

• 영장
법원에서 강제로 어떤 처분을 허가 또는 명령하는 문서. 영장에 따라 체포, 구속 등을 진행함

• 자백
자신이 저지른 죄나 잘못을 스스로 고백하는 것

알아두면 좋아요 국선변호인 선정제도

A씨는 성폭력 범죄 피해자로 경찰과 검찰의 조사를 받고 법정에 증인으로 나가는 과정 등이 매우 부담스러웠다. 특히 경제적인 어려움으로 변호인을 선임하는데 어려움이 있었다. 이런 A씨는 국선변호인을 지원받아 어려움을 해결할 수 있었다. 보통 형사재판의 피고인의 경우에 경제적 사정을 이유로 변호인을 선임하기 어려운 경우 법원에 요청하면 국가의 비용으로 변호인의 도움을 받을 수 있다. 하지만 성폭력 피해자의 경우에는 피고인이 아니지만 피해자 국선변호인 지원을 신청할 수 있다. 성폭력 피해자가 경찰서나 검찰청 등 수사기관이나 성폭력 피해 상담소를 통해 국선변호인의 지원을 요청하면 조사과정부터 재판에 이르기까지 도움을 받을 수 있다.

주요 내용정리

01 범죄와 형벌에는 어떤 것이 있을까?

- 범죄 중 무임승차, 새치기 등 일상생활에서 일어날 수 있는 비교적 가벼운 위법 행위를 (　　　　) 라고 한다. 한국에서는 (　　　　　　　　　)을 통해 형법, 관세법, 마약법 등 많은 사람에게 피해를 줄 수 있는 범죄에 대해서는 가중 처벌을 규정하고 있다.
- (　　　)은 범죄 행위를 한 사람에게 국가가 가하는 제재로 생명형, (　　　　), 재산형, 자격형으로 나눌 수 있다. 이 중 가장 무거운 형벌은 (　　　　)이다.

02 형사재판 과정에서 법은 어떤 역할을 할까?

- 수사 단계에서 범죄를 저지른 것으로 의심받는 사람을 (　　　　)라고 하고, 검찰에 의해 기소된 피의자를 (　　　　)이라고 한다.
- 형사재판에서 피고인의 유죄를 주장하는 사람은 (　　　)이고, 피고인을 변호하는 사람은 변호인이다. 피고인의 유·무죄와 양형을 결정하는 사람은 (　　　)이다.
- 형사재판에서 유죄 판결이 확정되기 전까지는 피고인은 (　　　)로 여겨져야 한다. 체포나 구속, 압수, 수색 등을 할 때는 반드시 판사의 (　　　)이 있어야 한다.

이야기 나누기

불법체류 외국인 통보의무 면제제도, 알고 있나요?

2018년 베트남 국적의 A씨는 오토바이를 운전하던 중 교통사고를 당하여 심각한 상해를 입었다. 하지만 A씨는 상대방 운전자에게 본인이 불법체류 외국인임을 들키지 않으려고 사고 현장에서 '어떤 책임도 묻지 않겠다'는 합의서를 작성해줄 수밖에 없었다. 다행히 이후 경찰과 변호인 등의 도움으로 억울함을 해결할 수 있었지만 대부분의 불법체류 외국인의 경우 신분상 약점으로 억울한 피해를 입어도 참아야 하는 경우가 많다. 이에 한국에서는 불법체류 외국인이 살인, 상해와 폭행, 절도, 강간, 사기 등의 범죄 피해자인 경우에는 범죄 피해를 경찰에 신고하더라도 그 외국인의 신상 정보를 출입국 등 관계기관에 통보하지 않고 있다. 이를 불법체류 외국인 통보의무 면제제도라고 한다.

★ 불법체류 외국인 통보의무 면제제도가 한국인과 외국인에게 어떤 도움을 줄 수 있을지 이야기해 봅시다. 혹시 나타날 수 있는 부작용이 있다면 그에 대해서도 말해 봅시다.

대단원 정리

가족 문제와 법	1. 가족과 친족의 범위 2. 법률혼/사실혼, 동거 3. 협의 이혼과 재판상 이혼 4. 이혼 시 양육과 재산 문제
재산 문제와 법	1. 사망신고 및 유언 방법 2. 상속 순위와 법정 상속 비율 3. 금전분쟁과 가처분/가압류 4. 내용증명 활용 방법
직장생활과 법	1. 단시간 근로자의 권리 2. 단시간 근로자 차별 금지 3. 성희롱 보호 및 대처 4. 모성 보호를 위한 법
범죄와 법	1. 범죄와 성범죄 2. 생명형/자유형/재산형/자격형 3. 형사 재판 과정 4. 피의자와 피고인의 권리

법무부 출입국 관리사무소
http://www.immigration.go.kr

대법원
https://www.scourt.go.kr

고용노동부
https://www.moel.go.kr

검찰청
https://www.spo.go.kr

경찰청
https://www.police.go.kr

QUIZ **다음은 법률과 관련된 용어를 표시하는 글자 카드들이다. 1단계와 2단계의 지시사항을 따라 문제를 해결해 보자.**

1단계: 다음 조건에 해당하는 단어를 〈글자 카드〉에서 찾아 제거해봅시다.

㉠ 이혼에 책임이 있는 배우자는 상대방에게 정신적 고통을 준 대가로 ㅁ ㅁ ㅁ을/를 지급해야 한다.

㉡ □□□□ 제도는 우체국을 통해 상대방에게 언제, 어떤 내용을 발생했는지를 증명하는 제도이다.

㉢ 1년 동안 80% 이상 출근한 근로자의 경우 15일의 ㅁ ㅁ휴가를 받을 수 있는데 이는 유급휴가에 해당한다.

연	위	내	피	자	고	용	증	차	명	인	료

2단계: 위 〈글자카드〉에서 ㉠, ㉡, ㉢에 해당하는 단어에 해당하는 글자를 지우고 남은 글자로 만들 수 있는 법률 용어의 의미를 설명해 봅시다.

□□□:

단원 종합 평가

01 **〈보기〉에 제시된 사람들을 모두 포함하는 개념으로 옳은 것은?**

| 〈보기〉 |

- 8촌 이내의 혈족
- 4촌 이내의 인척
- 배우자

① 부부　② 가족　③ 친족　④ 형제자매

02 **상속에 대한 설명으로 옳은 것은?**

① 상속자는 고인이 남긴 빚을 모두 갚아야 한다.
② 고인의 부모가 고인의 자녀보다 상속 순위에서 앞선다.
③ 제1순위 상속자로 배우자와 자녀가 있을 때 배우자는 자녀의 1.5배를 상속받는다.
④ 1~4순위까지 상속자가 모두 존재할 때는 1순위가 상속을 많이 받지만 4순위도 받을 수 있다.

03 **다음 중 모성 보호를 위한 법의 내용에 대한 옳은 설명을 〈보기〉에서 모두 고른 것은?**

| 〈보기〉 |

ㄱ. 여성 근로자는 월 1일의 생리휴가를 사용할 수 있다.
ㄴ. 배우자가 출산한 경우에도 90일의 출산전후휴가를 사용할 수 있다.
ㄷ. 임신 후 12주~36주 사이에는 1일 2시간의 근로시간 단축을 신청할 수 있다.
ㄹ. 태어난 지 1년 미만의 유아가 있는 경우 1일 2회 유급 수유시간을 받을 수 있다.

① ㄱ, ㄷ　② ㄱ, ㄹ　③ ㄴ, ㄷ　④ ㄴ, ㄹ

04 **범죄자가 공무원이 되거나 법률적 업무를 하는 자격을 정지하는 형벌은?**

① 생명형　② 자유형　③ 재산형　④ 자격형

05 **㉠, ㉡에 대한 설명으로 옳은 것은?**

범죄가 발생하거나 발생한 것으로 판단되면 경찰이나 검찰에서 수사에 들어간다. 이때 범죄를 저지른 것으로 의심을 받는 사람을 ㉠이라고 한다. 검사는 수사결과를 보고 판단하여 법원에 재판을 요청하는데 기소된 피해자를 ㉡이라고 한다. 판사는 ㉡의 유무죄 여부와 유죄일 경우 양형 수준을 결정한다.

① ㉠은 피고라고 한다.
② ㉡은 민사소송을 당한 사람을 뜻한다.
③ ㉡을 체포하거나 구속하는 것은 검사가 결정한다.
④ ㉠과 ㉡은 판결 이전까지는 모두 무죄로 여겨져야 한다.

일상생활과 법

사진 출처: 〈연합뉴스〉

⬅ 국적법은 대한민국의 국적 취득 방법 및 귀화 요건 등에 대한 내용 등을 규정하고 있다.

제1조 이 법은 대한민국의 국민이 되는 요건을 정함을 목적으로 한다.

소음진동관리법에는 층간소음과 관련된 기준을 제시하여 분쟁 해결에 도움을 주고 있다. ➡

제21조의2 ① … 공동주택에서 발생되는 층간소음으로 인한 … 피해에 관한 분쟁을 해결하기 위하여 층간소음 기준을 정하여야 한다.

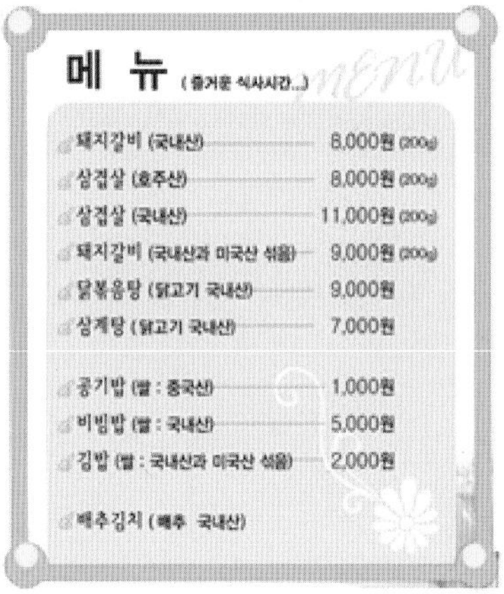

⬅ 농수산물의 원산지 표시에 관한 법률은 농수산물에 관한 원산지를 표시하도록 규정하고 있다.

제5조 ① … 농수산물 또는 그 가공품을 수입하는 자, 생산·가공하여 출하하거나 판매하는 자 또는 … 보관·진열하는 자는 … 원산지를 표시하여야 한다.

유통산업발전법에는 대형마트 영업시간 및 의무휴업일을 규제하고 있다. ➡

제12조의2 ① … 대형마트와 준대규모점포에 대하여 다음 각 호의 영업시간 제한을 명하거나 의무휴업일을 지정하여 의무휴업을 명할 수 있다.

근로기준법에는 근로자의 기본적 생활을 보장하기 위한 근로조건을 규정하고 있다. ➡

제50조 ① 1주 간의 근로시간은 휴게시간을 제외하고 40시간을 초과할 수 없다.
제53조 ① 당사자 간에 합의하면 1주 간에 12시간을 한도로 제50조의 근로시간을 연장할 수 있다.

⬅ 전자상거래 등에서의 소비자보호에 관한 법률에서는 소비자에게 불리한 약관이 적용되지 않도록 규정하고 있다.

제23조 ② 사업자는 그가 사용하는 약관이 소비자보호지침의 내용보다 소비자에게 불리한 경우에는 … 소비자가 알기 쉽게 표시하거나 고지하여야 한다.

방송법에는 방송의 공적 책임을 높이고 시청자의 권익을 보호하기 위한 내용들이 담겨 있다. ➡

제33조 ④ 방송사업자는 아동과 청소년을 보호하기 위하여 방송프로그램의 폭력성 및 음란성 등의 유해정도, 시청자의 연령 등을 감안하여 방송프로그램의 등급을 분류하고 이를 방송중에 표시하여야 한다.

⬅ 도로교통법에는 도로에서 일어나는 교통 위험과 장애를 방지하기 위한 내용이 규정되어 있다.

제5조 ① 도로를 통행하는 보행자, … 운전자는 교통안전시설이 표시하는 … 신호 또는 지시를 따라야 한다.

정답보기

■ 주요 내용정리 정답

영역	단원	주요 내용정리 정답	
대한민국의 국민	1. 대한민국의 정체성과 헌법	1. 대한민국은 어떤 나라일까?	2. 헌법재판소에서는 무슨 일을 할까?
		• 헌법 • 대한민국 임시정부 • 민주공화국, 국민	• 헌법재판소 • 9명 • 위헌
	2. 대한민국 국민의 권리	1. 평등권과 자유권은 어떤 권리일까?	2. 참정권, 청구권, 사회권은 어떤 권리일까?
		• 권리 • 평등권 • 자유권	• 정치 • 기본권 • 사회권
	3. 대한민국 국민의 의무	1. 납세의 의무와 국방의 의무는 무엇일까?	2. 교육의 의무와 근로의 의무는 무엇일까?
		• 의무 • 세금, 세금 • 국방의 의무	• 교육 • 근로 • 권리, 의무
	4. 대한민국 국민을 위한 복지	1. 미래의 위험에 대비하는 사회보험에는 무엇이 있을까?	2. 인간다운 삶을 위한 공공부조에는 무엇이 있을까?
		• 건강보험 • 국민연금 • 고용보험 • 산업재해보상보험	• 최저 생활 • 국민기초생활보장제도 • 의료급여제도
대한민국의 역사와 발전	5. 대한민국 정부 수립	1. 광복 이후 통일 정부 수립 노력은 어떻게 이루어졌을까?	2. 대한민국 정부는 어떻게 수립되었을까?
		• 광복 • 38도선 • 신탁 통치	• 김구 • 대한민국 • 이승만
	6. 6 · 25 전쟁과 남북 관계	1. 6·25 전쟁은 어떻게 시작되고 전개되었을까?	2. 정전 협정 이후 남북의 관계는 어떻게 변화하였을까?
		• 6 · 25 전쟁 • 인천 상륙 작전 • 정전 협정	• 7 · 4 남북 공동 성명 • 김대중 • 문재인
	7. 민주주의의 발전	1. 4·19 혁명과 유신 반대 운동은 어떻게 전개되었을까?	2. 5·18 민주화 운동과 6월 민주 항쟁은 어떻게 전개되었을까?
		• 4 · 19 혁명 • 5 · 16 군사 정변 • 유신	• 5 · 18 민주화 운동 • 6 · 29 민주화 선언
	8. 사회 변동	1. 저출산·고령화로 어떤 변화가 나타났을까?	2. 다문화 사회가 되면서 어떤 변화가 나타났을까?
		• 줄어들 • 합계 출산율 • 고령화	• 다문화 사회 • 외국인 근로자

영역	단원	주요 내용정리 정답	
대한민국의 정치와 외교	9. 정치 과정과 시민 참여	1. 사람들의 다양한 이익은 어떻게 정치에 반영될까?	2. 정치에 참여하는 방법에는 어떤 것이 있을까?
		• 정치 과정 • 정치 참여 • 주인	• 선거, 투표 • 시민단체 • 이익집단
	10. 선거와 정당	1. 공정한 선거를 위한 기관과 제도에는 무엇이 있을까?	2. 정당은 어떤 일을 할까?
		• 대의, 선거 • 선거관리위원회 • 선거공영제	• 정당 • 여당, 야당 • 복수정당제
	11. 외교와 국제 관계	1. 국제 사회에서 한국은 어떤 역할을 할까?	2. 한국은 주변 국가와 어떤 관계를 맺고 있을까?
		• 정상외교 • 평화유지군 • 반기문	• 중국 • 위안부 • 미국 • 유럽연합
	12. 남북통일을 위한 노력	1. 분단된 남북의 현실은 어떠할까?	2. 통일을 위해서 어떤 노력을 하고 있을까?
		• 이산가족 • 이질화 • 분단 비용	• 평화, 평화 • 외교
대한민국의 경제	13. 한국의 경제 체제	1. 한국의 경제체제는 무엇일까?	2. 경제활동에서 한국 정부는 어떤 역할을 할까?
		• 경제 문제 • 시장경제체제 • 직업	• 경쟁, 약자 • 정부 • 공정거래위원회
	14. 금융과 자산 관리	1. 은행과 보험을 통한 자산 관리는 어떻게 할까?	2. 주식, 채권, 부동산을 이용한 자산관리는 어떻게 할까?
		• 대출, 금리 • 손해보험, 생명보험 • 실손보험	• 수익, 위험 • 주식, 채권, 국채 • 부동산, 임대료 • 펀드
	15. 기업과 근로자	1. 한국에는 어떤 기업들이 있을까?	2. 근로자의 근로 여건과 권리는 어떻게 보호될까?
		• 기업 • 대기업, 중소기업 • 자영업 • 프랜차이즈	• 최저임금제 • 8, 40, 12 • 단결권, 단체교섭권, 단체행동권 • 고용보험
	16. 국민경제와 국제거래	1. 한국의 국민경제는 어떤 모습일까?	2. 한국의 국제거래는 어떻게 이루어지고 있을까?
		• 가계, 기업, 정부 • 물가, 실업률	• 수출 • 환율 • 수출

영역	단원	주요 내용정리 정답	
대한민국의 법질서	17. 가족 문제와 법	1. 법은 가족관계에 어떤 영향을 줄까?	2. 이혼과정에서 어떤 법적 보호를 받을 수 있을까?
		• 가족 • 8촌, 4촌 • 혼인 신고, 사실혼	• 협의 이혼, 재판상 이혼 • 양육비 • 위자료
	18. 재산 문제와 법	1. 상속 상황에서 법은 어떤 역할을 할까?	2. 재산 관련 분쟁은 어떻게 법으로 해결할까?
		• 30일, 사망신고 • 유언 • 상속, 1.5배	• 가압류 • 임차권 등기명령 • 민사 • 내용증명
	19. 직장생활과 법	1. 비정규직 근로자는 어떻게 보호받을까?	2. 안전한 직장 생활을 위한 법에는 어떤 것이 있을까?
		• 기간제, 단시간 • 차별 • 근로계약서	• 직장 성희롱 • 국가인권위원회 • 90일
	20. 범죄와 법	1. 범죄와 형벌에는 어떤 것이 있을까?	2. 형사재판 과정에서 법은 어떤 역할을 할까?
		• 경범죄, 특정범죄가중처벌법 • 형벌, 자유형, 생명형	• 피의자, 피고인 • 검사, 판사 • 무죄, 영장

▪ QUIZ 정답

영역	QUIZ 정답
대한민국의 국민	(가로) ㉮ 헌법 ㉯ 평등권 ㉰ 국방 (세로) ① 헌법재판소 ② 참정권 ③ 국민연금
대한민국의 역사와 발전	(가) - ㉣, (나) - ㉤, (다) - ㉠, (라) - ㉡, (마) - ㉢
대한민국의 정치와 외교	(가로) ㉮ 외교 ㉯ 통일비용 ㉰ 대선 ㉱ 여당 (세로) ① 남북통일 ② 비밀선거 ③ 복수정당제
대한민국의 경제	1) 국제시장에서 미군의 구두를 닦고 초콜릿을 얻어 먹으며 살아가는 주인공의 모습은 당시 해외원조를 통해 생존하던 어려운 한국경제의 모습을 보여줍니다. 2) 가난을 극복하고 돈을 벌기 위해 주인공은 독일에 광부로 떠나고 월남전에 참여합니다. 3) 한국의 빠른 경제성장은 수많은 한국인들이 가난에서 벗어나기 위해 열심히 노력한 결과라고 할 수 있습니다.
대한민국의 법질서	(1단계) ㉠ 위자료 ㉡ 내용증명 ㉢ 연차 (2단계) 피고인: 검사에 의해 기소된 피의자

■ 단원 종합 평가 정답 및 문제 풀이

영역		단원 종합 평가 정답	
대한민국의 국민		1. ④ 2. ③ 3. ④ 4. ① 5. ③ 6. ②	
1.	(출제의도)	헌법재판소에 대해 알고 있는지 묻는 문제입니다.	(정답) ④
	(정답해설)	헌법재판소는 헌법에 관한 판결을 내리는 곳으로 9명의 재판관으로 구성되어 있고 입법부, 행정부, 사법부 어디에도 속하지 않는 독립기관입니다.	
2.	(출제의도)	권리와 의무에 대해 이해하고 있는지를 묻는 문제입니다.	(정답) ③
	(정답해설)	ㄱ. 대한민국 국민은 누구나 일정한 권리를 가지고 있습니다. ㄴ. 의무는 강제성을 띠고 있기 때문에 반드시 해야 하는 일입니다. ㄷ. 국민이 의무를 지키지 않았을 때는 법률에 의거하여 불이익을 받을 수 있습니다. ㄹ. 권리란 어떤 일을 하거나 다른 사람에게 요구할 수 있는 정당한 힘이나 자격입니다.	
3.	(출제의도)	국민기초생활보장제도에 대해 이해하고 있는지를 묻는 문제입니다.	(정답) ④
	(정답해설)	국민기초생활보장제도는 가족이나 스스로의 힘으로 생계를 유지할 능력이 없거나 생활이 어려운 저소득층에게 국가나 지방자치단체가 생계·교육·의료·주거 등의 기본적인 생활을 보장해 주는 제도입니다.	
4.	(출제의도)	한국의 4대 사회보험에 대해 알고 있는지를 묻는 문제입니다.	(정답) ①
	(정답해설)	한국의 4대 사회보험은 건강보험, 국민연금, 고용보험, 산업재해보상보험입니다.	
5.	(출제의도)	공공부조와 사회보험에 대해 알고 있는지를 묻는 문제입니다.	(정답) ③
	(정답해설)	① 공공부조는 위험이 발생했을 때 그것을 해결하고 대응하기 위한 것입니다. ② 사회보험은 대개 전국민을 대상으로 합니다. ③ 공공부조는 생활이 어려운 국민이 인간다운 생활을 할 수 있도록 지원하는 제도입니다. ④ 사회보험은 법에 따라 국가가 강제성을 띠고 운영하는 것으로 국가가 모든 비용을 부담하지는 않습니다.	
6.	(출제의도)	국민의 권리에 대해 알고 있는지를 묻는 문제입니다.	(정답) ②
	(정답해설)	ㄱ. 국가 권력에 의해 개인의 자유가 함부로 제한받지 않을 권리를 자유권이라고 합니다. ㄴ. 인간다운 생활에 필요한 최소한의 수준을 보장받을 수 있는 권리를 사회권이라고 합니다.	
대한민국의 역사와 발전		1. ③ 2. ① 3. ① 4. ④	
1.	(출제의도)	모스크바 3국 외상 회의의 결정 사항이 한국에 끼친 영향을 묻는 문제입니다.	(정답) ③
	(정답해설)	③ 1945년 12월에 모스크바 3국 외상 회의에서 한반도에 민주적인 임시 정부 수립, 최고 5년 동안 한반도에 신탁 통치를 실시하기로 결정하였습니다. 이 소식이 한국에 알려지자 한반도에서는 신탁 통치를 찬성하는 사람들과 반대하는 사람들 사이에 큰 갈등이 일어났습니다.	
2.	(출제의도)	통일 정부 수립을 위해 노력한 김구의 활동을 묻는 문제입니다.	(정답) ①
	(정답해설)	① 한반도가 남과 북으로 나뉘게 될 것을 염려한 김구는 '3천만 동포에게 읍고함'이라는 글을 통해 남한에 단독 정부가 세워지는 것을 반대한다는 뜻을 발표하였습니다. 이어서 통일 정부 수립을 위해 평양으로 가서 북한의 지도자들과 의논을 하였습니다.	
3.	(출제의도)	4 · 19 혁명의 배경과 전개 과정, 결과를 묻는 문제입니다.	(정답) ①
	(정답해설)	① 이승만 정부는 오랫동안 권력을 유지하기 위해 1960년에 3 · 15 부정 선거를 저질렀습니다. 이에 학생과 시민들이 중심이 되어 시위를 전개하였고, 결국 이승만은 대통령직에서 물러났습니다.	
4.	(출제의도)	한국의 저출산 · 고령화의 내용을 파악하고 있는지 묻는 문제입니다.	(정답) ④
	(정답해설)	④ 한국은 점차 여성이 사회 활동에 참여하는 비율이 높아지고, 젊은 세대에서는 자아실현을 위해 결혼을 늦추는 경우가 늘어났습니다. 또한 청년 실업 증가, 자녀 교육비 부담 등으로 저출산 현상이 나타나고 있고, 보건·의료 기술의 발달, 영양·위생 환경의 개선 등 생활수준이 전반적으로 높아지면서 평균 기대 수명이 늘어나는 등 고령화 사회가 되었습니다.	

영역		단원 종합 평가 정답	
대한민국의 정치와 외교		1. ② 2. ④ 3. ④ 4. ① 5. ① 6. ④	
1.	(출제의도)	시민단체와 이익집단을 구별할 수 있는지 묻는 문제입니다.	(정답) ②
	(정답해설)	② 노동조합은 노조에 가입한 근로자들의 이익을 위해 활동하는 집단입니다. 나머지 보기의 집단은 시민단체로 공익을 위해 활동하는 집단입니다.	
2.	(출제의도)	통일 비용과 분단 비용 개념을 이해하는지 묻는 문제입니다.	(정답) ④
	(정답해설)	④ 남북 제도 통합 비용은 통일을 위해 남북 차이를 줄이고 교류하며 통합해 가는데 사용되는 통일 비용에 속한다.	
3.	(출제의도)	한국 선거의 특징에 대해 이해하고 있는지를 묻는 문제입니다.	(정답) ④
	(정답해설)	④ 한국은 민주주의 국가로 대의제를 채택하고 있습니다. 국민의 대표를 선거를 통해 선출합니다.	
4.	(출제의도)	정당의 역할을 알고 있는지 묻는 문제입니다.	(정답) ①
	(정답해설)	① 정당은 정치적 견해가 비슷한 사람들이 모여 만든 집단으로 정권 획득을 목적으로 활동하는 단체입니다. 국민의 여론을 모아서 정책을 개발하기도 하고 현대 민주 정치에서 중요한 역할을 하고 있습니다.	
5.	(출제의도)	한국과 관계 깊은 국가에 대해 알고 있는지를 묻는 문제입니다.	(정답) ①
	(정답해설)	① ASEAN(아세안)은 동남아시아국가연합으로 한국의 신남방정책으로 한국과 아세안 국가와의 협력의 중요성이 더욱 높아지고 있습니다. 한국은 EU(유럽연합)와 정치·경제·안보 3대 분야 협정을 모두 체결한 최초의 국가입니다.	
6.	(출제의도)	남북 통일의 필요성에 대해 이해하고 있는지를 묻는 문제입니다.	(정답) ④
	(정답해설)	ㄷ. 남북은 세계에서 유일하게 분단 국가로 남북 통일은 세계 평화에 기여합니다. ㄹ. 70여년 떨어져 지낸 이산가족의 고통을 해소하기 위해서 남북 통일은 필요합니다.	
대한민국의 경제		1. ② 2. ③ 3. ① 4. ③	
1.	(출제의도)	헌법에 나타난 한국의 시장경제체제의 특징을 알고 있는지를 묻는 문제입니다.	(정답) ②
	(정답해설)	제시된 헌법은 한국의 경제체제를 나타내고 있습니다다. 한국은 시장경제체제이며, 원칙적으로 개인의 자유로운 선택에 따라 경제 문제를 해결합니다.	
2.	(출제의도)	자산 관리 방법으로서 예금, 대출, 보험, 채권, 주식 등의 차이를 이해하고 있는지를 묻는 문제입니다.	(정답) ③
	(정답해설)	① 은행에서 돈을 빌리는 것을 대출, ② 은행에 돈을 맡기는 것을 예금이라고 한다. ④ 채권은 정부나 기업 등이 돈이 필요할 때 다수 사람들에게 돈을 빌리기 위해 발행하는 증서이다.	
3.	(출제의도)	한국에서의 근로 조건 및 근로자의 권리에 대한 기본적인 내용을 알고 있는지를 묻는 문제입니다.	(정답) ①
	(정답해설)	ㄴ. 근로기준법에 따라 기본 근로 시간은 1일 8시간, 1주 40시간으로 규정되어 있다. ㄹ. 실업자가 재취업을 위해 노력하는 경우에 최소 9일에서 최대240일까지 실업급여를 받을 수 있다.	
4.	(출제의도)	시장경제체제를 보완하기 위한 한국 정부의 노력에 대해 알고 있는지를 묻는 문제입니다.	(정답) ③
	(정답해설)	한국 정부는 적절한 개입을 통해 시장경제체제의 부작용을 최소화하기 위해 노력하고 있습니다. 공정한 경쟁을 위해 공정거래위원회가 활동하고 있으며, 국민의 건강과 안전을 해치는 환경오염을 일으키는 기업을 처벌합니다. 경제적 약자들의 기본적인 권리를 보장하기 위해 공공재를 생산하고 복지제도를 마련하고 있습니다.	

영역		단원 종합 평가 정답	
대한민국의 법질서		1. ③ 2. ③ 3. ② 4. ④ 5. ④	
1.	(출제의도)	친족의 법적 의미를 알고 있는지를 묻는 문제입니다.	(정답) ③
	(정답해설)	한국에서 법적으로 친족은 8촌 이내의 혈족, 4촌 이내의 인척, 배우자를 포함하는 개념입니다. 친족보다 범위가 좁은 가족은 배우자, 자신의 부모와 자녀, 형제자매를 말합니다.	
2.	(출제의도)	상속에 대한 법적 규정을 이해하고 있는지를 묻는 문제입니다.	(정답) ③
	(정답해설)	① 상속은 빚을 포함한 재산을 물려받는 것이나 빚이 많을 경우 포기할 수 있습니다. ② 고인의 자녀는 상속 제1순위이고, 고인의 부모는 상속 제2순위입니다. ③ 제1순위 상속자로 배우자와 자녀가 함께 있을 때 배우자는 자녀의 1.5배를 상속받습니다. ④ 상속은 순위가 앞선 사람이 받기 때문에 1~4순위 상속자가 모두 존재할 때는 1순위 상속자만 상속받습니다.	
3.	(출제의도)	모성 보호를 위한 법의 내용을 알고 있는지를 묻는 문제입니다.	(정답) ②
	(정답해설)	ㄴ. 90일의 출산전후휴가를 쓸 수 있는 것은 임신한 근로자 본인입니다. ㄷ. 임신한 근로자는 임신 후 12주 이내 또는 36주 이후에는 1일 2시간씩 근로시간을 단축할 수 있습니다.	
4.	(출제의도)	형법에 규정된 형벌의 종류와 의미를 알고 있는지를 묻는 문제입니다.	(정답) ④
	(정답해설)	① 생명형은 생명을 박탈하는 형벌이며, ② 자유형은 일정 기간 교도소에 갇혀 있도록 하는 형벌입니다. ③ 재산형은 재산의 일부를 빼앗는 형벌이며, ④ 자격형은 명예나 자격을 박탈하는 형벌입니다.	
5.	(출제의도)	형사재판 과정에서의 권리 보장 제도 및 절차에 대해 알고 있는지를 묻는 문제입니다.	(정답) ④
	(정답해설)	① 범죄를 저지른 것으로 의심받는 사람을 피의자라고 하며, ② 기소된 피해자는 피고인이라고 하는데 이는 검사에 의해 형사소송을 당한 사람을 뜻합니다. ③ 피고인을 체포와 구속 여부는 법원에서 결정하며, ④ 피의자나 피고인 모두 판결 이전에는 모두 무죄로 여기는 것을 무죄추정의 원칙이라고 합니다.	

찾아보기

연구진 설규주 (경인교육대학교 사회과교육과 교수)
정문성 (경인교육대학교 사회과교육과 교수)
김찬기 (한국이민재단 교육국 국장)

집필진 최수진 (한국다문화교육연구원 사회통합프로그램 강사)
정현정 (동국대학교 국제어학원 한국어 강사)
(전 사회통합프로그램 강사)
옹진환 (한국교육과정평가원 부연구위원)
방대광 (고려대학교 사범대학 부속고등학교 교사)
박원진 (초당초등학교 교사)
이바름 (인천지역경제교육센터 책임연구원)

사회통합프로그램[KIIP]
한국사회 이해 심화

법무부 사회통합프로그램 지정 교재
법무부 귀화적격시험 활용 교재

초판발행 2020년 12월 11일
1판발행 2020년 12월 11일
2판발행 2021년 2월 10일
3판발행 2021년 5월 10일
4판발행 2022년 1월 5일
5판발행 2022년 7월 20일
6판발행 2022년 11월 10일
7판발행 2023년 4월 25일
8판발행 2023년 9월 5일
9판발행 2024년 1월 25일
10판발행 2024년 5월 31일

기획 · 개발 법무부 출입국·외국인정책본부

펴낸이 노현
펴낸곳 ㈜피와이메이트
서울특별시 금천구 가산디지털2로 53 한라시그마밸리 210호(가산동)
등록 2014.2.12. 제2018-000080호
전화 02)733-6771
팩스 02)736-4818
홈페이지 www.pybook.co.kr
e-mail pys@pybook.co.kr

값 8,000원
ISBN 979-11-86140-30-7 14300
979-11-86140-28-4 (세트)